Guide à l'intention des familles sur les troubles concomitants

Caroline P. O'Grady, inf.aut., M.Sc.inf., Ph.D.
W. J. Wayne Skinner, M.S.S., Trav. soc. aut.

Centre for Addiction and Mental Health
Centre de toxicomanie et de santé mentale

Un Centre collaborateur de l'Organisation panaméricaine de la santé
et de l'Organisation mondiale de la Santé

Catalogage avant publication de Bibliothèque et Archives Canada

O'Grady, Caroline P., 1961-
     Guide à l'intention des familles sur les troubles concomitants [ressource électronique] /
Caroline P. O'Grady, W.J. Wayne Skinner.

Comprend des références bibliographiques.

     1. Double diagnostic. 2. Double diagnostic-Patients-Relations familiales.
I. Skinner W.J. Wayne, 1949- II. Centre de toxicomanie et de santé mentale.
III. Titre.

RC564.68.O37 2007a   616.86   C2007-904957-5

ISBN : 978-0-88868-631-2 (IMPRIMÉ)
ISBN : 978-0-88868-632-9 (PDF)
ISBN : 978-0-88868-633-6 (HTML)

Code de produit : PM078

Imprimé au Canada

Citation suggérée :
O'GRADY, C.P., SKINNER, W.J.W. *Guide à l'intention des familles sur les troubles concomitants*, Toronto, Centre de toxicomanie et de santé mentale, 2007.
On peut obtenir une copie bonne à reproduire sur le site Web suivant :
www.camh.net/fr/About_Addiction_Mental_Health/Concurrent_Disorders/CD_priority_projects_fr.html

Pour obtenir des renseignements sur d'autres publications de CAMH ou pour passer une commande, veuillez vous adresser à :
Ventes et distribution
Sans frais : 1 800 661-1111
Toronto : 416 595-6059

Courriel : publications@camh.net

Site Web : www.camh.net

Remarque : Les termes de genre masculin utilisés pour désigner des personnes englobent à la fois les femmes et les hommes. L'usage exclusif du masculin ne vise qu'à alléger le texte.

Available in English under the title A *Family Guide to Concurrent Disorders*.

Le présent ouvrage a été réalisé par :
Conception : Caroline Hebblethwaite
Rédaction : Martha Ayim, Jacquelyn Waller-Vintar
Conception graphique : Eva Katz
Photographie de la page couverture : W.J. Wayne Skinner
Traduction et révision : Michel Bérubé, Evelyne Barthès-McDonald
Composition : Tracy Choy, BTT Communications
Production : Christine Harris

3222/08-2008

REMERCIEMENTS

Le présent manuel est l'aboutissement d'un cheminement extraordinaire. Nous voulons d'abord exprimer toute notre gratitude aux familles qui ont participé à ce projet. À bien des égards, elles ont été nos guides. Leur générosité et leur dévouement envers le projet ont renforcé notre perception de l'importance de travailler en partenariat avec les familles.

Elaine Mason, de Elmgrove Outpatient Services, a coordonné le projet familial réalisé à notre site d'étude situé à Brockville. Elle continue de participer activement à nos ateliers et séances communautaires qui ont lieu à la grandeur de la province.

Nous avons la chance de travailler pour un organisme qui a pris un engagement explicite à l'égard des familles et des troubles concomitants et qui en a fait une priorité. Nous avons eu l'occasion de travailler avec des collègues talentueux et passionnés qui ont soutenu notre projet et ont contribué à en élargir la portée. Christine Bois défend avec ardeur la cause de l'accroissement de la capacité de traitement des troubles concomitants en Ontario. Monique Bouvier coordonne un ambitieux programme d'information provincial, qui bénéficie de l'appui d'une équipe formidable chargée des services provinciaux à CAMH. Nous tenons également à remercier les rédactrices Martha Ayim et Jacquelyn Waller-Vintar, les traducteurs et réviseurs Michel Bérubé et Evelyne Barthès-McDonald et la conceptrice Eva Katz.

Enfin, nous voulons remercier Caroline Hebblethwaite, qui a géré la conception et la préparation du manuel, de la première réunion de groupe pour les familles à la production de la version finale de l'ouvrage. Son ingéniosité, sa générosité, son énergie sans fin, son talent et sa sagesse nous ont guidés et inspirés.

Table des matières

Préface

FAIRE FACE À L'INCIDENCE DES TROUBLES CONCOMITANTS

Ces dernières années, nous avons reçu un grand nombre d'appels de la part de familles aux prises avec des problèmes cooccurrents de santé mentale et liés à l'utilisation d'une substance. Dans bien des cas, ces personnes se sentaient dépassées par cette situation difficile.

Nous savons qu'il faut améliorer les systèmes de traitement des troubles liés à l'utilisation d'une substance et des troubles de santé mentale afin qu'ils puissent mieux aider les familles à devenir plus résilientes et reconnaître les efforts que les membres de la famille déploient tous les jours pour trouver des solutions et des ressources dans le but de régler les problèmes liés aux troubles concomitants. Si les familles ont besoin d'aide pour faire face à l'incidence des troubles concomitants, il n'en demeure pas moins qu'elles jouent un rôle clé dans le repérage de solutions efficaces. Pour aider leur parent à se rétablir, les familles ont besoin :
- de renseignements sur les problèmes liés à l'utilisation d'une substance et les problèmes de santé mentale et, par-dessus tout, de savoir qu'elles n'ont pas causé ces problèmes ;
- d'un langage qu'utilisent également les fournisseurs de traitements, afin de faciliter la collaboration ;
- de stratégies leur permettant de faire face aux questions liées aux troubles concomitants ;
- de stratégies leur permettant de prendre soin d'elles-mêmes et d'atténuer l'incidence, sur leur propre vie, des problèmes auxquels leur parent fait face.

HISTORIQUE DU PROJET

En 2004-2005, nous avons mis sur pied un groupe de sensibilisation et de soutien pour aider les familles à :
- se renseigner sur les troubles concomitants ;
- développer les compétences leur permettant de faire face à l'incidence des troubles concomitants sur leur vie ;
- collaborer avec leur parent aux prises avec des troubles concomitants et avec les fournisseurs de traitements afin de trouver des moyens de composer avec les problèmes de santé mentale et liés à l'utilisation d'une substance.

Les commentaires que nous avons reçus des familles et les résultats des évaluations que nous avons effectuées avant et après le projet ont été très positifs, ce qui nous a amenés à mettre le fruit de notre travail à la disposition d'un plus grand nombre de personnes.

Le présent ouvrage repose sur les divers documents que nous avons créés pour le groupe. Il a été conçu pour que les familles puissent s'en servir sans l'aide d'autrui. On y trouvera :
• des documents d'information et du matériel didactique ;
• des citations de familles ;
• des renseignements sur les ressources disponibles et les personnes à contacter ;
• des listes de conseils ;
• des descriptions d'activités.

COMMENT UTILISER LE PRÉSENT OUVRAGE

La façon dont vous utiliserez le présent ouvrage dépendra du temps écoulé depuis que votre famille est aux prises avec des troubles concomitants, de l'état de santé du membre de votre famille et de votre style d'apprentissage.

Vous pouvez consulter des sections précises pour vous aider à composer avec les troubles concomitants ou vous pouvez lire le document du début à la fin. Si vous lisez le document en entier, vous comprendrez mieux les concepts fondamentaux ainsi que les défis et les occasions associés à la présence de troubles concomitants au sein de la famille.

Le présent ouvrage est divisé en quatre parties :

Partie I : Que sont les troubles concomitants ? – Cette partie donne un aperçu des troubles concomitants et des traitements offerts et fournit des renseignements sur les problèmes de santé mentale et liés à l'utilisation d'une substance, ainsi que sur leur interaction.

Partie II : Incidence sur les familles – Cette partie met l'accent sur l'incidence des troubles concomitants sur la vie familiale. On y trouvera des renseignements sur les préjugés et le moyen d'y faire face, ainsi que des stratégies permettant aux membres de la famille de prendre soin d'eux-mêmes.

Partie III : Traitement – Cette partie porte sur les traitements et les mesures de soutien offerts aux personnes touchées par les troubles concomitants. Elle comprend des stratégies permettant de s'y retrouver dans les méandres des systèmes de traitement des troubles de santé mentale et liés à l'utilisation d'une substance. On y trouvera également des renseignements sur la médication et les traitements psychosociaux, et des conseils sur la façon de reconnaître les rechutes, de s'y préparer, de prévoir les crises et d'y faire face.

Partie IV : Rétablissement – Cette partie porte sur le cheminement menant au rétablissement.

En utilisant le présent ouvrage, vous vous joindrez à un vaste groupe de personnes dévouées qui se sont engagées à jouer un rôle positif dans la vie d'un être cher aux prises avec des problèmes de santé mentale et liés à l'utilisation d'une substance. Ces personnes nous ont beaucoup appris. Nous sommes ravis de vous présenter le fruit de leurs expériences et les leçons que nous en avons tirées.

Partie I :
Que sont les troubles concomitants ?

Introduction aux troubles concomitants

1

Aperçu

- Les troubles concomitants sont-ils courants ?

- Lien entre l'utilisation d'une substance et les problèmes de santé mentale

- Incidence des troubles concomitants

- Introduction au traitement

Nous étions comme n'importe quelle famille dont les enfants sont adolescents. Notre fille était extravertie. Elle avait beaucoup d'amis ; elle obtenait de bonnes notes à l'école ; elle ne nous causait jamais de problèmes. Le genre d'enfant qui fait tout comme il se doit. Notre fils était tout à fait l'opposé de sa sœur. Il semble que, du jour au lendemain, il ait décidé de couper les liens avec ses amis et sa famille pour s'isoler. Il avait toujours été réservé, mais là les choses étaient différentes. Lorsque mon mari l'a surpris en train de fumer de la marijuana et a trouvé des bouteilles d'alcool dans son placard, nous avons tout compris. Les drogues et l'alcool l'avaient amené à s'enfermer dans son cocon. À vrai dire, nous étions soulagés de découvrir son problème de drogue, car nous pouvions prendre des mesures pour y faire face, par exemple l'envoyer dans un centre de rééducation pour adolescents. Le vrai cauchemar a débuté lorsqu'il a refusé de quitter la maison pour consulter notre médecin de famille. Nous nous assurions qu'il ne prenait pas de drogue ni d'alcool mais, malgré cela, son état se détériorait ! Il s'est écoulé deux ans de plus avant que nous découvrions qu'il avait une maladie mentale en plus d'un problème de drogue. Nous n'avions jamais entendu parler des troubles concomitants avant cela.

L'expression « troubles concomitants » désigne une situation où une personne a à la fois un problème lié à l'utilisation d'une substance et un problème de santé mentale au cours de sa vie. Ces problèmes peuvent s'être produits dans le passé (Le membre de votre famille a-t-il déjà eu un problème de santé mentale ? A-t-il déjà eu un problème lié à l'utilisation d'une substance ?) ou se produire actuellement (Le membre de votre famille a-t-il actuellement à la fois un problème de santé mentale et un problème lié à l'utilisation d'une substance ?).

Un grand nombre de familles ont vécu une expérience semblable à celle décrite précédemment. Les problèmes de santé mentale et liés à l'utilisation d'une substance peuvent se manifester par des symptômes et des comportements semblables. C'est pour cette raison que les membres de la famille et les professionnels qui dispensent des traitements ont souvent de la difficulté à déterminer si le comportement qu'ils ont observé est attribuable à un problème lié à l'utilisation d'une substance ou à un problème de santé mentale ou à ces deux types de problèmes. Le présent chapitre se veut une introduction aux troubles concomitants. On y discute des points suivants :
- l'interaction entre les problèmes liés à l'utilisation d'une substance et les problèmes de santé mentale ;
- l'incidence des troubles concomitants sur la famille ;
- le dépistage et le traitement des troubles concomitants.

LES TROUBLES CONCOMITANTS SONT-ILS COURANTS ?

Le fait d'avoir un problème lié à l'utilisation d'une substance accroît considérablement le risque d'avoir un problème de santé mentale et vice-versa. Selon la Epidemiologic Catchment Area Study (Regier et coll., 1990), le risque qu'une personne ayant un trouble de santé mentale ait un trouble lié à l'abus d'une substance au cours de sa vie est presque trois fois plus élevé que celui d'une personne n'ayant pas de trouble de santé mentale. Le risque qu'une personne ayant un trouble lié à l'abus d'une substance (autre que l'alcool) ait un trouble de santé mentale au cours de sa vie est environ 4,5 fois plus élevé que celui d'une personne n'ayant pas de trouble lié à l'abus d'une substance.

La prévalence des troubles simultanés de santé mentale et des troubles liés à l'utilisation d'une substance varie selon le trouble :
- 24 pour 100 des personnes ayant eu un trouble de l'anxiété auront un trouble lié à l'abus d'une substance au cours de leur vie ;
- 27 pour 100 des personnes ayant vécu une dépression majeure auront un trouble lié à l'abus d'une substance au cours de leur vie ;
- 56 pour 100 des personnes ayant eu un trouble bipolaire auront un trouble lié à l'abus d'une substance, ce qui est plus de trois fois supérieur à la moyenne, au cours de leur vie ;
- 47 pour 100 des personnes qui ont été atteintes de schizophrénie auront un trouble lié à l'abus d'une substance, ce qui est près de trois fois supérieur à la moyenne, au cours de leur vie.

Les personnes qui travaillent pour un organisme œuvrant dans le domaine de la toxicomanie devraient supposer que leurs clients ont peut-être également un problème de santé mentale, à moins qu'elles ne disposent de renseignements indiquant que ce n'est pas le cas. De même, les personnes travaillant dans le domaine de la santé mentale devraient supposer que leurs clients ont peut-être également un problème lié à l'utilisation d'une substance, à moins qu'elles ne possèdent des renseignements indiquant qu'il n'en est pas ainsi.

Comprendre les termes employés

Dans bien des cas, les problèmes liés à l'utilisation d'une substance et les problèmes de santé mentale ont une incidence considérable sur le quotidien des personnes qui les éprouvent, bien que ces problèmes ne soient pas suffisamment graves ou ne durent pas assez longtemps pour être considérés comme des troubles. C'est pour cette raison que nous utilisons l'expression plus générale « problèmes de santé mentale et liés à l'utilisation d'une substance », sauf lorsque nous parlons d'un trouble diagnostiqué conformément au *Manuel diagnostique et statistique des troubles mentaux*, 4e édition (DSM-IV).

Voici des termes que vous entendrez probablement au sein des systèmes de traitement des troubles de santé mentale et liés à l'utilisation d'une substance.

Troubles mentaux

Les *troubles mentaux (y compris les troubles liés à l'utilisation d'une substance)* sont des troubles de santé caractérisés par des changements de la façon de penser, de l'humeur ou du comportement (ou un ensemble de ces trois changements) associés à une détresse ou à une altération fonctionnelle (American Psychiatric Association, 1994).

En Amérique du Nord, on utilise le *Manuel diagnostique et statistique des troubles mentaux* (DSM) pour diagnostiquer ces troubles. La quatrième et plus récente édition du manuel, le DSM-IV, établit 16 grandes catégories de troubles mentaux, notamment les troubles de l'humeur et les troubles liés à une substance. Ces catégories comprennent des sous-catégories telles que les troubles dépressifs et les troubles bipolaires, qui font partie de la catégorie des troubles de l'humeur. Le DSM-IV établit des critères précis pour diagnostiquer chaque trouble.

Nous utilisons l'expression problèmes cooccurrents et troubles concomitants dans le présent ouvrage. Mais vous avez peut-être entendu les expressions suivantes :

L'expression « *double diagnostic* » est répandue aux États-Unis. Elle laisse entendre que la personne a deux problèmes seulement. Toutefois, les études réalisées semblent indiquer que les problèmes peuvent être plus nombreux. En Ontario, on utilise cette expression pour désigner les personnes ayant un grave retard du développement et une maladie mentale grave et permanente.

L'expression *troubles cooccurrents* renvoie elle aussi à une personne ayant un ou plusieurs troubles de santé mentale et un ou plusieurs troubles liés à l'abus d'une substance.

LIEN ENTRE L'UTILISATION D'UNE SUBSTANCE ET LES PROBLÈMES DE SANTÉ MENTALE

Les comportements liés à l'utilisation d'une substance causent-ils des symptômes psychiatriques ? Les problèmes de santé mentale amènent-ils les personnes qui les éprouvent à utiliser une substance pour obtenir un soulagement ? En général, le lien entre l'utilisation d'une substance et les problèmes de santé mentale est beaucoup plus complexe qu'un simple rapport de cause à effet. Selon les recherches effectuées, il y aurait quatre types d'interaction :
• le même facteur pourrait déclencher les problèmes de santé mentale et les problèmes liés à l'utilisation d'une substance ;

- les problèmes de santé mentale peuvent influencer l'apparition des problèmes liés à l'utilisation d'une substance ;
- les problèmes liés à l'utilisation d'une substance peuvent influencer l'apparition des problèmes de santé mentale ;
- il se peut qu'il n'y ait aucune interaction entre les problèmes liés à l'utilisation d'une substance et les problèmes de santé mentale.

L'interaction entre les problèmes liés à l'utilisation d'une substance et les problèmes de santé mentale dépend de la personne concernée, du problème de santé mentale et de la substance consommée et peut changer avec le temps.

LE MÊME FACTEUR POURRAIT DÉCLENCHER LES PROBLÈMES LIÉS À L'UTILISATION D'UNE SUBSTANCE ET LES PROBLÈMES DE SANTÉ MENTALE

Le même facteur peut causer les problèmes liés à l'utilisation d'une substance et les problèmes de santé mentale. Il peut s'agir d'un facteur génétique, environnemental ou lié au développement. Ainsi, les événements traumatisants (un facteur environnemental) peuvent causer à la fois des problèmes liés à l'utilisation d'une substance et des problèmes de santé mentale.

LES PROBLÈMES DE SANTÉ MENTALE PEUVENT INFLUENCER L'APPARITION DES PROBLÈMES LIÉS À L'UTILISATION D'UNE SUBSTANCE

Les problèmes de santé mentale graves, comme la schizophrénie et le trouble bipolaire, peuvent rendre les personnes qui les éprouvent plus susceptibles d'avoir également des problèmes liés à l'utilisation d'une substance. Il leur faut une quantité plus faible d'alcool ou d'autre drogue pour éprouver ces problèmes que celle qui les déclenche chez les personnes qui n'ont pas de problèmes de santé mentale.

Certaines personnes utilisent une substance dans l'espoir d'atténuer les symptômes des problèmes de santé mentale. Par exemple, une personne ayant un trouble de l'anxiété peut consommer de l'alcool pour se sentir plus à l'aise lors d'une activité sociale. C'est ce qu'on appelle l'*automédication*.

LES PROBLÈMES LIÉS À L'UTILISATION D'UNE SUBSTANCE PEUVENT INFLUENCER L'APPARITION DES PROBLÈMES DE SANTÉ MENTALE

L'utilisation d'une substance peut produire des symptômes psychiatriques. Par exemple, une personne qui prend une quantité considérable de cocaïne peut devenir paranoïaque au point d'être psychotique.

En plus de produire des symptômes psychiatriques, l'utilisation d'une substance peut causer des problèmes psychosociaux qui peuvent entraîner des problèmes de santé mentale. Une paranoïa grave peut causer des problèmes psychosociaux comme des relations familiales troublées, des difficultés au travail et des démêlés avec la justice. En retour, ces problèmes pourraient causer des problèmes de santé mentale comme la dépression.

IL SE PEUT QU'IL N'Y AIT AUCUNE INTERACTION ENTRE LES PROBLÈMES LIÉS À L'UTILISATION D'UNE SUBSTANCE ET LES PROBLÈMES DE SANTÉ MENTALE

Parfois, bien qu'une personne soit aux prises à la fois avec un problème lié à l'utilisation d'une substance et un problème de santé mentale, il n'y a pas d'interaction entre ces deux types de problèmes de sorte que, même si on règle un problème, l'autre demeure.

Certaines personnes qui parviennent à maîtriser leur problème lié à l'utilisation d'une substance voient immédiatement leur santé mentale s'améliorer tandis que d'autres constatent que leur problème de santé mentale s'intensifie. Il est essentiel de comprendre le lien entre les problèmes liés à l'utilisation d'une substance et les problèmes de santé mentale afin d'aider les personnes à choisir une stratégie de traitement et à prévoir les résultats qu'elles obtiendront.

INCIDENCE DES TROUBLES CONCOMITANTS

L'incidence des problèmes cooccurrents de santé mentale et liés à l'utilisation d'une substance sur la personne qui les éprouve dépend de facteurs tels que la nature et la gravité des problèmes. Par exemple, les personnes ayant une maladie mentale grave qui ont également un problème lié à l'utilisation d'une substance doivent généralement composer avec un large éventail de problèmes graves, y compris les suivants :
- des symptômes psychiatriques plus prononcés, comme une dépression et des hallucinations ;
- des effets plus intenses après avoir utilisé une substance, y compris un nombre accru d'éclipses ;
- un risque accru de ne pas respecter le plan de traitement ;
- des problèmes de santé physique ;
- des préjugés plus fréquents ;
- des difficultés financières ;
- une situation instable en matière de logement, y compris l'itinérance ;
- une mauvaise gestion des affaires personnelles ;
- des relations très tendues avec les membres de la famille ;
- une intensification de l'hostilité verbale, une tendance à se disputer, des comportements perturbateurs et de l'agressivité ;
- des actes de violence ou des situations de crise qui pourraient mener à une intervention policière ;

- un risque d'emprisonnement accru ;
- des idées et des comportements suicidaires plus intenses.

INCIDENCE SUR LA FAMILLE

Les troubles concomitants ont une incidence non seulement sur la personne qui les éprouve, mais aussi sur sa famille et ses amis. À mesure que les problèmes se compliquent, les membres de la famille ne savent plus faire la différence entre les problèmes qui sont les causes et ceux qui sont les résultats. Dans bien des cas, ils n'arrivent pas à comprendre pourquoi leur parent continue de prendre de l'alcool ou d'autres drogues alors que les conséquences sont si graves et se sentent frustrés face à cette situation. Nous discutons de l'incidence des troubles concomitants sur la famille au chapitre 4 et des stratégies d'adaptation au chapitre 5.

INTRODUCTION AU TRAITEMENT

Détecter les problèmes de santé mentale et liés à l'utilisation d'une substance

Comme les troubles liés à l'utilisation d'une substance et les troubles de santé mentale ont des symptômes communs, il est souvent difficile de poser un diagnostic définitif au début du traitement. Par exemple, les symptômes de l'intoxication et du sevrage peuvent ressembler beaucoup à ceux des troubles de l'humeur et de l'anxiété. Dans bien des cas, le client doit réduire son utilisation de substances ou y mettre fin avant que le thérapeute ne puisse déterminer si cette personne a un problème lié à l'utilisation d'une substance, un problème de santé mentale ou ces deux types de problèmes.

Le meilleur moyen de distinguer les symptômes des problèmes liés à l'utilisation d'une substance de ceux des problèmes de santé mentale est d'observer la personne lorsqu'elle ne prend pas de substance. Toutefois, les experts ne s'entendent pas sur le temps qui doit s'écouler entre la fin de l'utilisation de la substance et le moment où on peut repérer un problème distinct. En général, la période d'abstinence requise dépend des substances consommées et du problème de santé mentale soupçonné. Par exemple, les drogues qui restent dans l'organisme longtemps (p. ex., les benzodiazépines à action prolongée) peuvent nécessiter une abstinence de plusieurs semaines avant que les symptômes de sevrage ne s'atténuent et qu'on puisse poser un diagnostic précis. Pour ce qui est des drogues qui sont éliminées de l'organisme plus rapidement (p. ex., l'alcool et la cocaïne), l'intoxication et les étapes du sevrage seront sans doute plus courtes. Dans ce cas, on pourrait être en mesure de poser un diagnostic définitif après une période d'abstinence plus courte.

Où peut-on suivre un traitement ?

Les services de traitement des troubles liés à l'utilisation d'une substance sont variés. Ils comprennent la gestion du sevrage, les évaluations et les traitements dispensés dans la collectivité et les services en établissement de courte et de longue durée. Les services de santé mentale comprennent les services psychiatriques dispensés dans les salles d'urgence, les cliniques externes de santé mentale, les soins actifs avec hospitalisation, les soins de longue durée dispensés en établissement et les équipes de traitement communautaire dynamique venant en aide aux personnes qui, auparavant, pouvaient uniquement recevoir des soins en institution. Un grand nombre de personnes ayant un problème de santé mentale ou lié à l'utilisation d'une substance suivent un traitement dispensé par leur médecin de famille ou d'autres fournisseurs de soins primaires.

Un cadre (établi aux États-Unis) indique où les gens sont les plus susceptibles de chercher un traitement. Ils peuvent passer d'un quadrant à un autre pendant qu'ils se remettent d'un problème lié à l'utilisation d'une substance ou d'un problème de santé mentale.

Figure 1-1 : Le cadre à quadrants

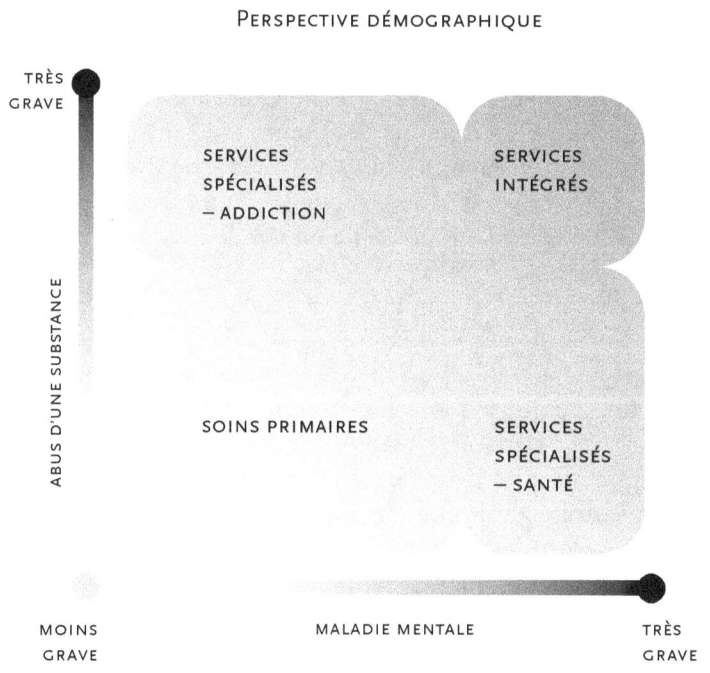

Le cadre à quadrants indique que lorsqu'une personne a :

- **à la fois un problème lié à l'utilisation d'une substance et un problème de santé mentale peu graves** ou modérément graves, elle a surtout recours aux fournisseurs de soins primaires (p. ex., son médecin de famille) et aux fournisseurs de soins communautaires ;
- **un problème lié à l'utilisation d'une substance très grave et un problème de santé mentale peu grave ou modérément grave**, elle a surtout recours à des services spécialisés de traitement des troubles liés à l'utilisation d'une substance, auxquels se greffent des services de santé mentale dispensés en collaboration avec les services principaux ;
- **un problème de santé mentale très grave et un problème lié à l'utilisation d'une substance peu grave ou modérément grave**, elle a surtout recours à des services de santé mentale spécialisés, auxquels se greffent des services de traitement des troubles liés à l'utilisation d'une substance dispensés en collaboration avec les services principaux ;
- **à la fois un problème lié à l'utilisation d'une substance et un problème de santé mentale très graves**, de nombreuses recherches laissent à penser que des soins intégrés dispensés par une équipe multidisciplinaire constituent le moyen le plus efficace de lui accorder une aide et un soutien permanents.

SOINS COORDONNÉS

Dans le passé, les services de traitement des troubles liés à l'utilisation d'une substance et les services de santé mentale n'étaient pas très bien coordonnés, chacun s'occupant d'un seul type de problème. On estimait que l'autre problème était secondaire et qu'il disparaîtrait une fois le problème principal réglé. Toutefois, nous savons que si on ne s'occupe pas du problème cooccurrent, les deux problèmes s'aggraveront sans doute et, dans bien des cas, des complications supplémentaires surviendront.

La plupart des collectivités disposent de ressources qui pourraient offrir des programmes axés sur la collaboration. Certaines collectivités offrent déjà de tels programmes. Ailleurs, les responsables des deux systèmes doivent collaborer de façon plus efficace afin de dispenser des soins axés sur le client aux personnes ayant des besoins complexes. Nous discuterons des moyens de ne pas se perdre dans le système de traitement au chapitre 7.

Principes de traitement

Lorsque les soins offerts aux personnes ayant des problèmes de santé mentale et liés à l'utilisation d'une substance sont mieux coordonnés et intégrés, les clients obtiennent de meilleurs résultats. Les initiatives de traitement des troubles concomitants mettent l'accent sur l'amélioration du dépistage et de l'évaluation, des programmes plus spécialisés et la coordination (par une personne ou une équipe de traitement) du traitement des troubles de santé mentale et liés à l'utilisation d'une substance. La prestation des soins aux personnes ayant des problèmes cooccurrents repose sur cinq principes :

1. Les personnes aux prises avec des troubles cooccurrents sont *d'abord et avant tout* des personnes. Un trop grand nombre d'entre elles paient trop chèrement pour être aux prises avec ces troubles (SAMSHA, 2003).
2. Les problèmes cooccurrents sont sous-identifiés, mais courants.
3. Les problèmes cooccurrents sont complexes, mais compréhensibles.
4. Les problèmes cooccurrents constituent un défi qui peut être relevé par des soins adéquats.
5. Les problèmes cooccurrents requièrent une intervention qui va au-delà de traitements séparés pour les troubles de santé mentale et ceux qui sont liés à l'utilisation d'une substance.

Les personnes aux prises avec des problèmes cooccurrents de santé mentale et liés à l'utilisation d'une substance sont parmi les plus vulnérables au sein de notre société et de notre système de santé. Des recherches indiquent que si nous adoptons une démarche mieux coordonnée, axée sur la collaboration, pour régler leurs problèmes, elles sont plus susceptibles de réduire leur utilisation d'une substance et de voir leurs fonctions mentales s'améliorer. Pour un grand nombre de personnes, il s'agit d'un processus long et complexe. Dans bien des cas, les membres de la famille sont les compagnons les plus fidèles sur la route qui mène au rétablissement. À un moment ou à un autre, la famille peut être appelée à intervenir, à accorder du soutien et, parfois, à gérer le cas. Nous présentons dans le reste du présent guide des outils et des stratégies qui vous aideront dans ce cheminement.

RÉFÉRENCES

AMERICAN PSYCHIATRIC ASSOCIATION. *Diagnostic and Statistical Manual of Mental Disorders*, 4ᵉ édition, Washington, DC, auteur, 1994.

KESSLER, R.C., K. MCGONAGLE, S. AHAO, C.D. NELSON, M. HUGHES, S. ESHLEMAN et coll. « Lifetime and 12-month prevalence of DSM-III-R psychiatric disorders in the United States: Results from the National Comorbidity Survey », *Archives of General Psychiatry*, vol. 51 (1994), p. 8-19.

OFFICE OF APPLIED STUDIES. *Overview of Findings from the 2003 National Survey on Drug Use and Health* (NSDUH Series H-24, DHHS Publication No. (SMA) 04-3963), Rockville, MD, Substance Abuse and Mental Health Services Administration, 2003.

REGIER, D.A., M.E. FARMER, D.S. RAE, B.Z. LOCKE, S.J. KEITH, L.L. JUDD et coll. « Comorbidity of mental disorders with alcohol and other drug abuse: Results from the epidemiologic catchment area (ECS) study », *Journal of the American Medical Association*, vol. 264, n°18 (1990), p. 2511-2518.

SUBSTANCE ABUSE AND MENTAL HEALTH ADMINISTRATION. *Report to Congress on the Prevention and Treatment of Co-occurring Substance Use and Mental Disorders*, Washington, DC, auteur, 2003.

U.S. DEPARTMENT OF HEALTH AND HUMAN SERVICES. *Mental Health: A Report of the Surgeon General*, Rockville, MD, U.S. Department of Health and Human Services, Substance Abuse and Mental Health Services Administration, Center for Mental Health Services, National Institutes of Health, National Institute of Mental Health, 1999.

Problèmes liés à l'utilisation d'une substance

2

Aperçu

- Troubles liés à une substance
- Quel est le risque d'être aux prises avec une addiction ?
- Pourquoi en vient-on à être aux prises avec une addiction ?
- Types de substances

Un grand nombre de personnes utilisent des substances comme l'alcool en quantité modérée et n'éprouvent aucun problème. Toutefois, d'autres se mettent à en utiliser régulièrement en quantités de plus en plus grandes ou en prennent pour s'intoxiquer. Ces comportements peuvent causer des problèmes sur le plan professionnel et familial et nuire à la santé. Après avoir utilisé une substance en quantité excessive à plusieurs reprises, certaines personnes peuvent en devenir dépendantes.

TROUBLES LIÉS À UNE SUBSTANCE

Il n'y a pas de critère précis indiquant à quel moment l'utilisation d'une substance cause un problème si grave qu'il nécessite un traitement. Toutefois, le *DSM-IV* classe les troubles liés à une substance dans la catégorie des troubles de santé mentale. Un grand nombre de cliniciens utilisent les critères du DSM servant à diagnostiquer *l'abus d'une substance* et la *dépendance à une substance* pour repérer les troubles concomitants et évaluer les personnes aux prises avec ces troubles.

Abus d'une substance

Les personnes qui abusent régulièrement d'une substance peuvent éprouver de graves problèmes, et ce pendant longtemps, sans avoir de dépendance. Ces problèmes peuvent être :
- l'incapacité de s'acquitter de ses responsabilités (p. ex., absentéisme, obtenir de mauvais résultats à l'école ou ne pas accomplir ses tâches à la maison) ;
- une consommation dangereuse (p. ex., utiliser une substance dans des situations dangereuses comme la conduite d'un véhicule) ;
- des problèmes juridiques (p. ex., se faire arrêter pour inconduite après avoir utilisé une substance) ;
- des problèmes sociaux et familiaux (p. ex., se disputer avec sa famille au sujet de l'intoxication).

Si un ou plusieurs de ces problèmes affectent considérablement la vie de la personne, cette dernière pourrait être considérée comme ayant un trouble lié à l'abus d'une substance.

Dépendance à une substance

Les personnes qui ont une dépendance à une substance sont aux prises avec de graves problèmes physiques, mentaux et comportementaux qui peuvent affecter considérablement leur vie. Voici des signes d'une dépendance à une substance :
- accoutumance : le besoin de consommer la substance en quantités de plus en plus grandes pour ressentir les effets souhaités tels que l'intoxication ;

- sevrage : éprouver des symptômes désagréables si on cesse d'utiliser la substance ; continuer d'utiliser une substance ou utiliser une substance semblable pour éviter ou atténuer les symptômes de sevrage ;
- désir de réduire la consommation ou d'y mettre fin : tentatives infructueuses de réduire la consommation ou d'y mettre fin ;
- temps : consacrer beaucoup de temps à se procurer et à utiliser une substance ou à se remettre de ses effets ;
- abandon des activités habituelles : cesser de travailler ou de se livrer à des activités sociales ou récréatives ou y consacrer moins de temps et s'isoler de sa famille et de ses amis afin d'utiliser la substance ou de passer plus de temps en compagnie de personnes qui en prennent ;
- maintien de l'utilisation : continuer d'utiliser la substance malgré ses effets négatifs.

Si au moins trois de ces problèmes persistent pendant 12 mois, la personne concernée pourrait être diagnostiquée comme ayant une dépendance à une substance.

Il n'est pas nécessaire qu'une personne montre des signes d'accoutumance ou de sevrage pour avoir une dépendance. Par exemple, les personnes qui ont une dépendance à la marijuana en consomment de façon compulsive mais ne présentent aucun signe d'accoutumance ou de sevrage. Une personne fait une *utilisation compulsive* d'une substance lorsqu'elle continue de l'utiliser malgré les conséquences négatives qu'elle subit et malgré le fait qu'elle veut y mettre fin ou a tenté de le faire. Un grand nombre de personnes qui ont une dépendance éprouvent *un état de besoin intense* qui fait qu'elles ont une forte envie d'utiliser une substance.

Addiction

Il y a plusieurs définitions de ce terme. Certaines définitions techniques sont semblables à celle de la dépendance (voir ci-dessus). La plupart des gens utilisent ce terme de façon plus générale pour désigner des comportements compulsifs comme l'utilisation problématique d'une substance. Les utilisateurs maintiennent ces comportements malgré les effets négatifs intenses qui y sont associés.

Si nous utilisons cette définition, l'addiction peut être considérée comme faisant partie d'un continuum. L'abus d'une substance est une forme moins grave d'addiction que la dépendance. L'usage du tabac, le jeu problématique et les comportements sexuels compulsifs sont d'autres formes d'addiction.

QUEL EST LE RISQUE D'ÊTRE AUX PRISES AVEC UNE ADDICTION ?

Des recherches indiquent que le risque d'addiction varie selon les comportements et les substances en cause. Environ 2 pour 100 des personnes qui jouent satisfont au critère diagnostique du jeu problématique.
- Entre 5 et 7 pour 100 des personnes qui boivent satisfont au critère diagnostique de la dépendance à l'alcool.
- Environ 10 pour 100 des personnes qui consomment de la cocaïne satisfont au critère diagnostique de la dépendance à cette drogue.
- Environ 80 pour 100 des fumeurs satisfont au critère diagnostique de la dépendance à la nicotine, le taux le plus élevé de dépendance à une substance.

Il est difficile de modifier des comportements addictifs, car ils sont liés à des activités auxquelles la personne devient très attachée. De plus, ces comportements ont généralement des effets positifs immédiats (c'est ce qu'on appelle *le renforcement positif*). Certaines personnes qui ont mis fin à un comportement addictif disent que cela équivaut à dire adieu à un très bon ami ou à mettre fin à une relation qui leur était très chère.

Lorsqu'on vient en aide à une personne qui a un comportement addictif, il ne faut pas oublier à quel point ce comportement est satisfaisant pour elle. À mesure que le comportement s'intensifie, il préoccupe de plus en plus la personne. Les autres intérêts et besoins perdent de leur importance et le comportement devient la principale ou la seule source de satisfaction, même si les conséquences négatives sont de plus en plus nombreuses.

POURQUOI EN VIENT-ON À ÊTRE AUX PRISES AVEC UNE ADDICTION ?

Les personnes qui adoptent un comportement qui leur procure du plaisir n'en viennent pas toutes à être aux prises avec une addiction. À bien des égards, les comportements qui peuvent devenir addictifs sont encouragés ou découragés par des forces sociales plus vastes (p. ex., la publicité) ou par des facteurs propres à la personne (biologiques ou psychologiques). En reconnaissant à quel point les comportements peuvent être gratifiants plutôt qu'en considérant le comportement addictif comme foncièrement mauvais ou entièrement négatif, nous comprendrons mieux les problèmes de la dépendance à une substance ainsi que les autres comportements addictifs.

Comme l'indique le modèle biopsychosocial, les causes des comportements addictifs sont complexes. Elles peuvent comprendre les suivantes :

- La personne considère généralement que le comportement est très gratifiant. Toutefois, la nature de cette gratification peut varier d'une personne à une autre et peut changer avec le temps. Certaines personnes se sentent gratifiées par les effets énergisants, excitants ou agréables d'une substance ou d'un comportement comme le jeu de hasard et d'argent.
- Certaines personnes adoptent des comportements addictifs car les effets physiologiques ou psychologiques qu'elles ressentent atténuent leur douleur physique ou émotionnelle.
- Les comportements addictifs peuvent faire oublier des événements pénibles ou accablants. Par exemple, certaines substances peuvent atténuer temporairement les symptômes associés à l'anxiété, la dépression ou la frustration chronique. Malheureusement, un grand nombre des conséquences destructrices associées aux comportements addictifs – par exemple les dommages causés aux relations, aux finances personnelles, à l'estime de soi et à la santé émotionnelle et physique ; l'accoutumance physiologique et, en fin de compte, l'intensification de l'anxiété, de la dépression et d'autres symptômes – peuvent plonger la personne encore plus profondément dans son addiction. À mesure que les conséquences associées au comportement s'aggravent, la personne se sent de moins en moins capable de régler le problème. Même lorsque la personne n'est plus gratifiée, elle peut continuer d'utiliser la substance afin d'éviter la détresse qu'elle éprouverait si elle mettait fin au comportement. Par exemple, un grand nombre de personnes qui ont une dépendance à une substance ont dit qu'elles avaient continué d'en consommer bien après avoir cessé de ressentir des effets agréables.

Approche biopsychosociale visant à comprendre la dépendance à une substance

FACTEURS BIOLOGIQUES

Des recherches laissent croire que le risque d'avoir une dépendance dépend notamment de facteurs héréditaires. Ainsi, si le frère, la sœur, le père ou la mère d'une personne a déjà eu une dépendance, celle-ci a plus de risque d'en avoir une à son tour. Chaque jour, nous en apprenons davantage sur les aspects biologiques des addictions. En outre, les comportements addictifs pourraient entraîner des changements biologiques qui rendent la personne plus vulnérable à une rechute (réapparition du comportement).

FACTEURS PSYCHOLOGIQUES

Toute expérience immensément gratifiante encourage la personne à la revivre. Un grand nombre d'aspects des comportements addictifs – les rituels, les facteurs environnementaux ainsi que les pensées et les sentiments qu'ils génèrent – peuvent nous aider à comprendre ces comportements. En général, les comportements addictifs produisent d'abord une gratification ; leurs coûts apparaissent plus tard ou s'accroissent avec le temps. Lorsqu'une personne éprouve une forte envie, que la gratification est instantanée et qu'il n'y a aucune conséquence négative à l'horizon, il est tentant de se laisser emporter par le moment.

FACTEURS SOCIAUX

Les addictions sont fortement influencées par les relations et les processus interpersonnels.

Les facteurs liés aux pairs déterminent en partie si une personne adoptera un comportement tel que le tabagisme ou la consommation d'alcool, de marijuana ou d'autres drogues pouvant causer une dépendance.

La disponibilité d'une substance a une incidence sur le risque qu'un comportement devienne addictif. L'augmentation du nombre de possibilités de jeu de hasard et d'argent en Occident a entraîné une hausse du nombre de personnes aux prises avec des problèmes de jeu dans la région. Parallèlement, l'interdiction de fumer dans les lieux publics et la hausse des taxes perçues sur le tabac, qui s'est traduite par une hausse des prix, ont réduit considérablement le nombre de fumeurs.

Les facteurs culturels influencent aussi la perception des gens en ce qui concerne les comportements acceptables et inacceptables.

TYPES DE SUBSTANCES

La présente section décrit trois grands types de substances[1] :

- les dépresseurs : drogues qui ralentissent le fonctionnement du système nerveux central (SNC) (p. ex., les personnes qui en prennent sont plus détendues et moins conscientes de ce qui les entoure) ;
- les stimulants : drogues qui accélèrent le fonctionnement du SNC (p. ex., elles accélèrent les processus mentaux, de sorte qu'on se sent plus alerte et plus énergique) ;
- les hallucinogènes : drogues qui modifient la perception du temps et de l'espace et qui peuvent produire des hallucinations.

Le tableau suivant indique les diverses catégories de drogues et de médicaments.

---

[1] Le Centre de toxicomanie et de santé mentale a publié 20 dépliants portant sur diverses substances dans la série *Vous connaissez. . .* Pour de plus amples renseignements, consultez le site www.camh.net/fr/Publications/CAMH_Publications/do_you_know_index_fr.html.

DÉPRESSEURS	
Opioïdes • morphine • héroïne • méthadone • codéine • pentazocine (Talwin) • oxycodone (présente dans le Percocet, le Percodan et l'OxyContin) • hydromorphone (Dilaudid) **Alcool** **Drogues inhalées** • essence • toluène	**Anxiolytiques** **Benzodiazépines** • diazépam (Valium) • lorazépam (Ativan) • oxazépam (Serax) • clonazépam (Rivotril) • alprazolam (Xanax) • témazépam (Restoril) **Barbituriques** • sécobarbital (Seconal) • butalbital (présent dans le Fiorinal)

STIMULANTS	
Amphétamines • dextroamphétamine (Dexedrine) • méthamphétamine • méthylphénidate (Ritalin) **Cocaïne/Crack**	**Méthylènedioxyamphétamine (MDA)** **3,4-méthylènedioxymé-thamphétamine (MDMA) (ecstasy)** (a aussi des propriétés hallucinogènes) **Nicotine** **Caféine**
HALLUCINOGÈNES	
LSD **Mescaline**	**Cannabis (marijuana)** (inhibe le fonctionnement du SNC) **Phencyclidine (PCP)**

Dépresseurs

Les dépresseurs comprennent les substances suivantes :
- l'alcool (p. ex., la bière, le vin et les spiritueux) ;
- les opiacés, parfois appelés stupéfiants (p. ex., l'héroïne et les analgésiques comme le Demerol, la morphine et la codéine) ;
- les benzodiazépines, parfois appelés tranquillisants (p. ex., le Valium et l'Ativan, qui sont prescrits à titre de somnifères ou pour réduire l'anxiété) ;
- les barbituriques, parfois appelés sédatifs (p. ex., le Nembutal et le Seconal) ;
- les remèdes contre la toux et le rhume (p. ex., le Benylin avec codéine) ;
- les médicaments contre les allergies (p. ex., le Benadryl et le Sudafed) ;
- d'autres médicaments en vente libre (p. ex., les médicaments contre la nausée comme le Gravol).

Les dépresseurs ralentissent le fonctionnement du système nerveux central et affectent les parties du cerveau qui contrôlent la pensée, le comportement, la respiration et le rythme cardiaque. Les dépresseurs comme l'alcool, les opioïdes et les benzodiazépines peuvent endormir, ralentir les réflexes et nuire à la capacité de prêter attention et de se concentrer. Cela est aussi le cas pour les médicaments ayant des effets dépresseurs comme les remèdes contre le rhume et la toux, les antihistaminiques (qui atténuent les symptômes d'allergies) et les médicaments contre la nausée et le mal des transports.

Il peut être extrêmement dangereux de mélanger dépresseur et alcool, qui est aussi un dépresseur. Les effets combinés de ce mélange sont parfois beaucoup plus prononcés que les effets respectifs de ces substances.

ALCOOL

L'alcool est le dépresseur dont la consommation et l'abus sont les plus fréquents.

Quels sont les effets de l'alcool ?

Les effets de l'alcool dépendent de plusieurs facteurs, dont les suivants :
- votre âge ;
- votre sexe ;
- votre poids ;
- votre sensibilité à l'alcool ;
- ce que vous avez mangé et en quelle quantité ;
- la quantité d'alcool consommée ;
- à quelle fréquence vous buvez ;
- depuis combien de temps vous buvez ;
- les effets que vous espérez ressentir ;
- si vous avez pris des médicaments ou d'autres drogues (drogues illégales, médicaments sur ordonnance ou en vente libre, plantes médicinales) ;
- si vous avez des antécédents de trouble médical ou psychiatrique.

Un grand nombre de personnes prennent un verre pour se détendre et atténuer leurs inhibitions. Elles se sentent alors plus à l'aise et extraverties. Certaines personnes sont heureuses ou excitées lorsqu'elles boivent alors que d'autres deviennent déprimées ou hostiles.

En général, les femmes sont plus sensibles aux effets de l'alcool que les hommes et tous les adultes y sont plus sensibles en vieillissant. Lorsqu'une personne est plus sensible à l'alcool, il lui en faut moins pour devenir intoxiquée et il faut plus de temps à l'organisme pour l'éliminer.

L'alcool est-il dangereux ?

L'alcool peut affecter le jugement, le comportement, les attitudes et les réflexes, ce qui peut avoir des effets aussi variés que l'embarras, des contacts sexuels à risque ou non désirés, des actes de violence, des blessures ou la mort. L'alcool joue un rôle plus fréquent dans les moments regrettables, les activités criminelles et les collisions mortelles que toutes les autres substances donnant lieu à un abus réunies.

L'intoxication extrême peut être mortelle. Dans bien des cas, la personne intoxiquée vomit, s'étouffe et perd connaissance. La peau moite, la baisse de la température du corps, une respiration lente et difficile, et la perte de contrôle de la vessie et des intestins sont autant de signes d'une intoxication alcoolique extrême, qui peut être mortelle.

Le fait de prendre de l'alcool en même temps que d'autres drogues – qu'il s'agisse de médicaments prescrits ou de drogues à usage récréatif – peut donner des résultats imprévisibles. L'alcool peut bloquer l'absorption de l'autre drogue, la rendant ainsi moins efficace, ou peut intensifier les effets de l'autre drogue, ce qui la rend dangereuse.

L'alcool entraîne-t-il une dépendance ?

Dans certains cas, oui. La plupart des maladies, des problèmes sociaux, des accidents et des décès liés à l'alcool sont causés par la *consommation problématique d'alcool*. Cette expression désigne la consommation d'alcool causant des problèmes personnels autres que la dépendance physique. La consommation problématique d'alcool est quatre fois plus répandue que la dépendance grave à l'alcool.

La *dépendance physique* désigne l'accoutumance aux effets de l'alcool et les symptômes de sevrage ressentis lorsqu'on cesse de boire. Les personnes ayant une dépendance physique à l'alcool peuvent éprouver des symptômes de sevrage tels que l'insomnie, des tremblements, des nausées et des convulsions quelques heures à peine après leur dernier verre. Même après une longue période d'abstinence, une personne peut avoir une forte envie de boire et se remettre à consommer de l'alcool.

Opiacés

Les opiacés comprennent l'héroïne, la codéine et la morphine. Ils peuvent être prescrits par un médecin aux personnes qui souffrent de douleurs intenses. Lorsque leur administration est supervisée par un médecin, ces puissants analgésiques sont sans danger à court terme.

Les opiacés soulagent la douleur. Toutefois, pris en quantité excessive, ils peuvent causer une intoxication, ce qui les rend très addictifs. L'utilisation d'opiacés est problématique lorsque la personne qui en prend n'a pas de raison médicale de le faire ou en prend davantage que la dose nécessaire pour maîtriser la douleur. Les personnes dépendantes des opiacés peuvent tolérer une grande quantité de ces drogues (elles doivent en prendre de plus en plus pour éprouver la même sensation) et seront en manque si elles cessent brusquement d'en prendre.

Dans bien des cas, les opiacés sont achetés de façon illégale. Certaines personnes font semblant d'avoir un trouble de santé ou exagère la gravité de ce trouble afin que leur médecin leur donne une ordonnance dont elles n'ont pas besoin, ou elles obtiennent plusieurs ordonnances auprès de médecins différents. Dans d'autres cas, ces drogues aboutissent dans les mains de trafiquants de drogues.

HÉROÏNE

L'héroïne est une drogue dangereuse et illégale qui peut être très addictive.

Quels sont les effets de l'héroïne ?

Comme c'est le cas pour toute drogue, les effets de l'héroïne dépendent d'un grand nombre de facteurs, dont les suivants :
- votre âge ;
- la quantité que vous prenez ;
- à quelle fréquence vous en prenez ;
- depuis combien de temps vous en prenez ;
- la façon dont vous en prenez ;
- si vous prenez de l'alcool ou d'autres drogues (drogues illégales, médicaments sur ordonnance ou en vente libre, plantes médicinales) ;
- si vous avez des antécédents de trouble médical ou psychiatrique.

Lorsqu'elle est injectée dans une veine, l'héroïne produit une montée d'euphorie ou un « rush » dans les sept ou huit secondes suivantes. Cet effet peut durer entre 45 secondes et quelques minutes. Lorsque la drogue est reniflée ou fumée, son effet initial n'est pas aussi intense. L'euphorie est suivie d'une période de sédation et de calme qui peut durer jusqu'à une heure. Lorsque l'héroïne est injectée sous la peau ou dans un muscle, l'effet se fait sentir plus lentement, dans un délai de cinq à huit minutes.

Les personnes qui prennent de l'héroïne pour la première fois ont souvent des nausées ou se mettent à vomir. Les effets souhaités comprennent la disparition de la douleur physique et émotionnelle et un sentiment de bien-être. Les autres effets comprennent un ralentissement de la respiration, un rétrécissement des pupilles, des démangeaisons et des sueurs. Les personnes qui prennent de l'héroïne régulièrement deviennent constipées et perdent leurs désirs sexuels et leur libido. Chez les femmes, le cycle menstruel devient irrégulier ou s'interrompt.

L'héroïne modifie l'humeur et le comportement. Les personnes qui en sont dépendantes peuvent être dociles et accommodantes après en avoir pris, puis irritables et agressives pendant le sevrage.

Combien de temps les effets durent-ils ?

Peu importe la façon dont la drogue est consommée, les effets de l'héroïne durent généralement de trois à cinq heures, selon la dose.

Les personnes qui ont une dépendance à l'héroïne doivent en prendre toutes les six à 12 heures pour éviter les symptômes de sevrage. Les symptômes initiaux sont intenses et comprennent le nez qui coule, des éternuements, la diarrhée, des vomissements, de l'agitation, un désir constant de prendre la drogue, la chaire de poule et des mouvements involontaires des jambes. Ils sont les plus intenses quelques jours après le début du sevrage et, en général, disparaissent en cinq à dix jours. D'autres symptômes comme l'insomnie, l'anxiété et l'état de besoin intense peuvent persister un certain temps. Le sevrage ne met pas la vie en danger, mais peut être extrêmement désagréable.

L'héroïne est-elle dangereuse ?

Oui. La surdose est le danger le plus immédiat. L'héroïne atténue le fonctionnement de la partie du cerveau qui contrôle la respiration. Lors d'une surdose, la respiration ralentit et peut même s'arrêter. Lorsqu'une personne fait une surdose, elle perd connaissance et ne peut être réveillée, sa peau devient froide et bleuit. Une surdose d'héroïne peut être traitée à la salle d'urgence d'un hôpital à l'aide de médicaments tels que la naloxone, qui bloque les effets dépresseurs de la drogue.

Les facteurs suivants accroissent les risques de surdose :
• la concentration inconnue de la drogue, qui fait qu'il est difficile de déterminer la dose exacte et de se protéger contre une surdose (l'ironie de la chose, c'est qu'un grand nombre de surdoses sont attribuables à une meilleure qualité de la drogue vendue dans la rue) ;
• l'injection, parce que la drogue atteint plus rapidement le cerveau et que la dose est administrée d'un coup ;
• le fait de mélanger l'héroïne avec d'autres drogues ayant un effet sédatif comme l'alcool, les benzodiazépines et la méthadone.

Parmi les autres dangers associés à l'héroïne, citons les suivants :
• Les conséquences de l'injection : Un usager qui s'injecte de la drogue court un risque élevé non seulement de surdose, mais aussi d'infection bactérienne, de septicémie, d'abcès, d'endocardite (une infection de la paroi du cœur) et d'affaissement des veines. De plus, le partage des seringues accroît considérablement le risque de contracter ou de propager le VIH et l'hépatite B ou C.
• La composition inconnue de la drogue : L'héroïne est souvent mélangée avec des additifs qui peuvent être toxiques, comme la strychnine, ou qui ne se dissolvent pas et qui risquent d'obstruer les vaisseaux sanguins, comme la craie.
• Le mélange de l'héroïne avec d'autres drogues : Le fait de prendre de l'héroïne en même temps qu'une autre drogue comme la cocaïne (speedballs) crée des interactions imprévisibles et parfois mortelles dans l'organisme.
• Dépendance : Le besoin constant de se procurer de l'héroïne et l'usage répété de cette drogue peuvent mener à des actes criminels, à d'autres comportements à risque élevé, à la perturbation de la vie familiale, à la perte d'emploi et à des troubles de santé.
• Grossesse : Les femmes qui prennent de l'héroïne régulièrement sautent souvent leurs règles. Certaines pensent à tort qu'elles sont stériles et deviennent enceintes. L'usage répété de l'héroïne pendant la grossesse est très risqué pour le bébé.

L'héroïne est-elle addictive ?

Oui. L'usage régulier de l'héroïne, que la drogue soit injectée, inhalée ou fumée, peut entraîner une dépendance physique et psychologique dans un délai de deux à trois semaines.

Les personnes qui font l'essai de l'héroïne n'en deviennent pas toutes dépendantes. Certaines n'en prennent qu'à l'occasion, par exemple la fin de semaine, sans accroître la dose. Toutefois, si on en consomme régulièrement, on s'accoutume aux effets de la drogue et il faut en prendre de plus en plus pour ressentir les effets souhaités. L'usage constant de l'héroïne en quantité de plus en plus grande crée inévitablement une dépendance.

Lorsqu'il y a dépendance, il est extrêmement difficile de mettre fin à l'utilisation. Un grand nombre de personnes qui consomment de l'héroïne depuis longtemps disent que la drogue ne leur procure plus de plaisir. Elles continuent d'en prendre pour éviter les symptômes de sevrage et pour maîtriser les fortes envies qu'elles éprouvent, qui sont souvent décrites comme un état de « besoin ». Cet état peut durer longtemps après que la consommation a pris fin, de sorte qu'il est difficile d'éviter la rechute (recommencer à prendre de la drogue).

Stimulants

Les stimulants comprennent les substances suivantes :
• la cocaïne et le crack (un puissant dérivé de la cocaïne) ;
• les amphétamines comme la méthamphétamine ;
• l'ecstasy ;
• la caféine, que l'on trouve dans le café, le thé, les colas, les boissons « énergisantes » et les comprimés qui gardent éveillé ;
• les médicaments en vente libre comme les médicaments contre les allergies (p. ex., le Sudafed).

Les stimulants accroissent l'activité du système nerveux central, y compris le cerveau. Par exemple, ils accélèrent les processus mentaux, rendent plus alerte et donnent de l'énergie. S'il est vrai que les drogues comme la caféine rendent plus alerte, elles affaiblissent tout de même les facultés et, lorsque leurs effets prennent fin (ce qui peut se produire rapidement), elles vous laissent très fatigué et moins alerte.

COCAÏNE

Les personnes qui consomment de la cocaïne peuvent en devenir dépendantes même si elles en prennent depuis peu. Si une personne a de plus en plus de difficulté à ne pas prendre de cocaïne lorsqu'elle en a l'occasion, cela signifie qu'elle en est dépendante.

Le crack est une forme répandue de cocaïne. Contrairement aux autres types de cocaïne, il est facile de le vaporiser et de le respirer, de sorte que ses effets sont immédiats.

Comme la cocaïne est absorbée rapidement par l'organisme, un grand nombre d'usagers doivent en prendre souvent pour maintenir l'extase que cette drogue leur procure. Les personnes qui en sont dépendantes y consacrent beaucoup d'argent en peu de temps. Pour obtenir l'argent nécessaire, certains usagers commettent des vols, se prostituent ou se livrent au trafic de stupéfiants. Certaines personnes qui ont une dépendance à la cocaïne doivent souvent arrêter d'en consommer pendant quelques jours afin de trouver l'argent dont elles ont besoin pour en acheter.

L'usage répété de la cocaïne mène à l'accoutumance. On peut ressentir des symptômes de sevrage, notamment des sautes d'humeur, mais, en général, ils disparaissent rapidement.

Quels sont les effets de la cocaïne ?

Les effets de la cocaïne dépendent d'un grand nombre de facteurs, dont les suivants :
• votre âge ;
• la quantité que vous avez prise ;
• à quelle fréquence vous en prenez ;
• depuis combien de temps vous en prenez ;

- la façon dont vous en prenez (p. ex., par injection, par la bouche ou par le nez) ;
- votre humeur ;
- les effets que vous espérez ressentir ;
- si vous avez pris de l'alcool ou d'autres drogues (drogues illégales, médicaments sur ordonnance ou en vente libre, plantes médicinales) ;
- si vous avez des antécédents de trouble médical ou psychiatrique.

La cocaïne accélère le rythme cardiaque et la respiration et fait monter la tension artérielle et la température du corps. Elle donne de l'énergie et rend plus volubile, alerte et euphorique. Elle accroît la perception des sens tels que l'ouïe, le toucher et la vue et atténue la faim et le besoin de dormir. Bien que la cocaïne soit un stimulant, certaines personnes se sentent plus calmes, plus à l'aise avec autrui et ont davantage confiance en elles lorsqu'elles en prennent. D'autres deviennent nerveuses et agitées et n'arrivent pas à se détendre.

Une personne qui prend de grandes quantités de cocaïne pendant longtemps peut :
- souffrir de crises de panique ;
- éprouver des symptômes psychotiques comme la paranoïa (devenir très méfiante ou jalouse ou se sentir persécutée), des hallucinations (voir, entendre ou sentir des choses fictives) et des idées délirantes (avoir de fausses croyances) ;
- avoir des comportements changeants, bizarres et parfois violents.

Les personnes qui consomment de la cocaïne régulièrement peuvent s'accoutumer à ses effets euphoriques. Dans ce cas, elles doivent en prendre de plus en plus pour ressentir les effets souhaités sinon ces effets s'atténuent. De plus, elles peuvent devenir plus sensibles aux effets négatifs de la drogue comme l'anxiété, la psychose (hallucinations, perte de contact avec la réalité) et les convulsions.

La cocaïne est-elle dangereuse ?

Oui. Bien qu'un grand nombre de personnes en consomment à l'occasion sans subir d'effets néfastes, cette drogue peut être très dangereuse, prise une seule fois ou à de nombreuses reprises :
- La cocaïne raffermit et resserrent les vaisseaux sanguins, ce qui réduit le flux d'oxygène dans le cœur. Ce dernier doit travailler plus fort, ce qui accroît les risques de crise cardiaque et d'accident vasculaire cérébral, même chez les personnes en bonne santé.
- La cocaïne fait monter la tension artérielle, ce qui peut affaiblir les vaisseaux sanguins du cerveau, qui risquent alors d'exploser.
- Il suffit d'une petite quantité de cocaïne pour faire une surdose, qui peut causer des convulsions et une insuffisance cardiaque. Une surdose peut aussi affaiblir et même interrompre la respiration. Il n'y a pas de remède contre une surdose de cocaïne.
- Le fait de renifler de la cocaïne peut causer une infection des sinus et une perte de l'odorat. Cela peut également endommager les tissus du nez et faire des trous dans la paroi osseuse qui sépare les narines à l'intérieur du nez (cloison nasale).

- Le fait de fumer de la cocaïne peut endommager les poumons et causer le « poumon du crack », dont les symptômes comprennent des douleurs vives à la poitrine, des problèmes de respiration et une température élevée du corps. Le poumon du crack peut être mortel.
- L'injection de cocaïne peut causer des infections si les seringues ont déjà été utilisées ou si la drogue n'est pas pure. En outre, si une personne partage une seringue, elle peut contracter ou propager l'hépatite ou le VIH.
- La consommation prolongée de cocaïne peut causer des symptômes psychiatriques graves dont la psychose, l'anxiété, la dépression et la paranoïa.
- Les personnes qui consomment de la cocaïne ont tendance à prendre des risques et peuvent avoir des comportements violents. Elles peuvent également avoir de la difficulté à se concentrer et à faire preuve de bon sens, et elles risquent davantage de se blesser et de contracter une maladie transmissible sexuellement.
- L'utilisation prolongée peut causer une perte de poids, la malnutrition, une détérioration de l'état de santé, des problèmes sexuels, l'infertilité et la perte des soutiens sociaux et financiers.
- La consommation de cocaïne pendant la grossesse peut accroître le risque de fausse couche et de naissance prématurée. De plus, elle accroît le risque que le poids du bébé soit insuffisant à la naissance. Un grand nombre de femmes qui prennent de la cocaïne pendant la grossesse prennent également de l'alcool, de la nicotine et d'autres drogues. Or, nous ne connaissons pas tous les effets de la cocaïne sur le bébé.
- Les femmes qui prennent de la cocaïne pendant qu'elles allaitent transmettent cette drogue à l'enfant, qui est ainsi exposé à tous les effets et risques de la cocaïne.

La cocaïne est-elle addictive ?

Dans certains cas, oui. Les personnes qui en prennent n'en deviennent pas toutes dépendantes, mais, pour celles qui le deviennent, il peut s'agir d'une des habitudes les plus difficiles à perdre.

Les personnes qui deviennent dépendantes à la cocaïne perdent le contrôle de leur consommation. Elles meurent d'envie d'en prendre, même si elles savent que la drogue leur cause des problèmes psychologiques, sociaux et de santé. Se procurer et consommer de la cocaïne peuvent accaparer leur vie.

Le crack, qui se fume et qui produit rapidement des effets intenses de courte durée, est très addictif. Quelle que soit la façon dont on la consomme, la cocaïne peut causer une dépendance, qui est influencée par la quantité de drogue consommée et la fréquence de la consommation.

Lorsque les personnes cessent de prendre de la cocaïne, elles « s'effondrent ». Dans ce cas, elles ont rapidement des sautes d'humeur allant de l'extase à la détresse. Elles éprouvent alors une forte envie de consommer encore plus de drogue. Une consommation excessive visant à maintenir l'extase crée rapidement une dépendance.

Les symptômes du sevrage à la cocaïne comprennent l'épuisement, un sommeil ou une insomnie agités et de longue durée, la faim, l'irritabilité, la dépression, les pensées suicidaires et une forte envie de consommer encore plus de drogue. Comme l'euphorie causée par la cocaïne est difficile à oublier, le risque de rechute est élevé.

Hallucinogènes

Les hallucinogènes comprennent :
- le cannabis/la marijuana (l'hallucinogène le plus répandu) ;
- le LSD (l'hallucinogène le mieux connu) ;
- l'ecstasy (parfois appelé la « drogue de l'amour ») ;
- les solvants (p. ex., la colle, les diluants pour peinture et l'essence) ;
- la kétamine (un analgésique mis au point pour soigner les animaux, appelé parfois « spécial K »).

Le terme hallucinogène est employé pour décrire les drogues qui déforment la réalité. On les appelle parfois les « drogues psychodysleptiques ». Les hallucinogènes altèrent la perception, les émotions et les processus mentaux. Ils perturbent les sens et peuvent causer des hallucinations. Les hallucinations sont des images sensorielles semblables aux rêves ou aux cauchemars (la personne peut voir ou entendre des choses irréelles ou avoir l'impression de manger quelque chose), sauf qu'elles se produisent quand on est éveillé.

CANNABIS

Le cannabis est la drogue illicite la plus répandue au Canada (après l'alcool et le tabac consommés par les mineurs). Toutefois, la plupart des usagers n'en prennent pas régulièrement ou en prennent pour en faire l'essai.

Des recherches ont démontré que le THC (tétrahydrocannabinol) et les autres cannabinoïdes purs peuvent soulager la nausée et le vomissement et stimuler l'appétit, ce qui peut être bénéfique pour les personnes ayant le sida et celles qui prennent des médicaments contre le cancer. Il y a de nombreuses preuves empiriques sur les bienfaits médicaux de la marijuana. Toutefois, il faut effectuer des recherches plus poussées pour déterminer si elle permet de soulager la douleur, d'atténuer les spasmes musculaires et de maîtriser certains types de crises épileptiques.

Quels sont les effets du cannabis ?

Les effets du cannabis dépendent des facteurs suivants :
- votre âge ;
- la quantité que vous prenez ;
- à quelle fréquence vous en prenez ;
- depuis combien de temps vous en prenez ;
- si vous le fumez ou si vous l'avalez ;
- votre humeur ;
- les effets que vous espérez ressentir ;
- si vous avez pris de l'alcool ou d'autres drogues (drogues illégales, médicaments sur ordonnance ou en vente libre, plantes médicinales) ;
- si vous avez des antécédents de trouble médical ou psychiatrique.

À faible dose, le cannabis altère légèrement la perception et les sens. Les personnes qui en prennent disent que la musique sonne mieux, que les couleurs semblent plus vives et que les moments semblent durer plus longtemps. Elles disent également que le goût, le toucher et l'odorat sont plus prononcés et qu'elles sont davantage conscientes de leur corps.

Le fait de fumer une grande quantité de cannabis peut intensifier les effets recherchés, mais il risque de produire une réaction désagréable. Si on prend trop de cannabis, on peut avoir l'impression de perdre le contrôle, de devenir confus, agité et paranoïaque et d'avoir une crise d'anxiété grave semblable à une crise de panique. On peut également avoir des pseudohallucinations (voir des choses comme des motifs et des couleurs qui n'existent pas) ou de véritables hallucinations (perdre contact avec la réalité).

Le cannabis est-il dangereux ?

Personne n'est mort d'une surdose de cannabis. Toutefois, les personnes qui en prennent devraient être conscientes des dangers possibles suivants :
- Le cannabis nuit à la perception de la profondeur et à la concentration ; il réduit la durée d'attention ; il ralentit les réflexes ; et il atténue la force musculaire et la stabilité des mains. Tous ces facteurs peuvent nuire à la capacité d'une personne de conduire un véhicule ou d'utiliser de l'équipement en toute sécurité.
- Lorsqu'ils sont pris ensemble, le cannabis et l'alcool intensifient leurs effets réciproques et affaiblissent considérablement les facultés.
- L'intoxication au cannabis affecte la pensée et la mémoire à court terme.
- Les produits illégaux à base de cannabis ne font l'objet d'aucune norme de santé et sécurité et peuvent être contaminés par d'autres drogues, des pesticides ou des champignons toxiques.
- Si on prend du cannabis puissant en grande quantité, surtout par voie orale, on peut éprouver une « psychose toxique », qui se manifeste par des hallucinations auditives et visuelles (entendre ou voir des choses qui n'existent pas), de la confusion et une amnésie (perte de mémoire partielle ou totale).

Le cannabis entraîne-t-il une dépendance ?

Dans certains cas, oui. Les personnes qui en prennent régulièrement peuvent avoir une dépendance psychologique ou une légère dépendance physique.

Les personnes qui ont une *dépendance psychologique* recherchent constamment l'extase que procure la drogue. Elles y attachent trop d'importance. Certaines croient qu'elles en ont besoin et, si elles ne peuvent s'en procurer, elles peuvent éprouver de l'anxiété.

L'usage fréquent pendant longtemps peut créer une *dépendance physique*. Les personnes qui ont une telle dépendance peuvent éprouver de légers symptômes de sevrage si elles cessent brusquement de prendre du cannabis. Ces symptômes comprennent l'irritabilité, l'anxiété, les maux d'estomac, la perte d'appétit, la sudation et les perturbations du sommeil.

Activité 2-1 : Déterminer la catégorie de substance

Certaines substances peuvent être classées dans plus d'une catégorie.
Classez les substances dans la principale catégorie dont elles font partie :

- Si vous croyez que la substance fait partie de la catégorie des dépresseurs,
  inscrivez la lettre D à côté de la substance.
- Si vous croyez que la substance fait partie de la catégorie des stimulants,
  inscrivez la lettre S à côté de la substance.
- Si vous croyez que la substance fait partie de la catégorie des hallucinogènes,
  inscrivez la lettre H à côté de la substance.

Substance	*Catégorie*	*Substance*	*Catégorie*
Bière :	_____	Valium :	_____
Héroïne :	_____	Benadryl :	_____
Codéine :	_____	Crack :	_____
Ecstasy :	_____	Demerol :	_____
Gravol :	_____	Sudafed :	_____
Cannabis :	_____	Colle :	_____
Morphine :	_____	Méthamphétamine :	_____
Spiritueux :	_____	Vin :	_____
LSD :	_____	Ativan :	_____

Réponses : Bière : D ; héroïne : D ; codéine : D ; cocaïne : S ; ecstasy : H ; Gravol : D ;
morphine : D ; cannabis : H ; spiritueux : D ; LSD : H ; Valium : D ; Benadryl : D ;
crack : S ; Demerol : D ; Sudafed : S ; colle : H ; méthamphétamine : S ; vin : D ;
Ativan : D.

REFERENCES

U.S. DEPARTMENT OF HEALTH AND HUMAN SERVICES. *Mental Health: A Report of the Surgeon General*, Rockville, MD, U.S. Department of Health and Human Services, Substance Abuse and Mental Health Services Administration, Center for Mental Health Services, National Institutes of Health, National Institute of Mental Health, 1999.

Problèmes de santé mentale

3

Aperçu

- Pourquoi commence-t-on à avoir des problèmes de santé mentale ?

- Troubles de santé mentale

- Troubles de la personnalité

POURQUOI COMMENCE-T-ON À AVOIR DES PROBLÈMES DE SANTÉ MENTALE ?

On ne connaît pas précisément les causes des problèmes de santé mentale et on ne peut pas prévoir qui éprouvera de tels problèmes à quelques reprises et qui les éprouvera pendant de longues périodes. Toutefois, il est de plus en plus évident qu'un ensemble de facteurs biologiques, psychologiques et sociaux influent sur le développement des problèmes de santé mentale. Pour cette raison, une approche biopsychosociale peut être utile pour comprendre les facteurs clés d'une explication qui peut être fort complexe. Pour expliquer l'influence qu'ont, entre eux, les facteurs biologiques, psychologiques et sociaux, on peut notamment étudier le stress et la vulnérabilité.

Le modèle stress-vulnérabilité

En général, selon le modèle stress-vulnérabilité, plus les causes possibles sont nombreuses, plus il y a de risque que la personne soit un jour aux prises avec un problème de santé mentale.

Pour traiter les problèmes de santé mentale, il faut atténuer les facteurs de stress (p. ex., se doter d'un réseau social solide) et trouver des moyens de réduire la vulnérabilité (p. ex., en apprenant des techniques d'adaptation ou en prenant des médicaments qui équilibrent les processus chimiques du cerveau).

STRESS

Bien que le stress ne cause pas les problèmes de santé mentale, il peut les déclencher ou les aggraver.

Facteurs sociaux

Divers événements survenant pendant l'enfance ou à l'âge adulte peuvent contribuer à l'apparition d'un problème de santé mentale. Par exemple, des études laissent à penser qu'un traumatisme ou une perte survenant pendant la petite enfance (par exemple le décès ou la séparation des parents) ou à l'âge adulte (par exemple, le décès d'un conjoint ou d'un enfant ou la perte d'un emploi) peuvent entraîner un problème de santé mentale. Les autres facteurs de risques environnementaux comprennent :
• la pauvreté ;
• le manque de soutien social.

VULNÉRABILITÉ

Facteurs biologiques

On entend par vulnérabilité biologique la tendance à éprouver des problèmes avec certaines parties du corps, par exemple, des problèmes respiratoires comme l'asthme. De même, on peut avoir une tendance biologique à éprouver des problèmes de santé mentale comme la dépression, le trouble bipolaire ou la schizophrénie.

Le fait d'être vulnérable ne signifie pas que les problèmes *se produiront*. Cela signifie que, si certains facteurs sont présents en même temps, une personne court un plus grand risque d'éprouver un problème et un plus grand risque que ce problème soit plus grave.

Hérédité

Il semble que certains problèmes de santé mentale soient héréditaires. Par exemple, le taux de schizophrénie dans la population générale est d'environ 1 pour 100. Or, chez les enfants, il est de 9 pour 100 si un frère ou une sœur est schizophrène ; de 13 pour 100 si le père ou la mère est schizophrène ; et de 46 pour 100 si le père et la mère sont tous les deux schizophrènes.[2]

Processus chimiques du cerveau

Des recherches indiquent que les processus chimiques du cerveau jouent un rôle dans le développement des problèmes de santé mentale. De plus, selon des recherches récentes, une structure cérébrale anormale pourrait contribuer au développement de problèmes de santé mentale, particulièrement la schizophrénie.[3]

Facteurs psychologiques

Le tempérament avec lequel une personne naît (p. ex., une tendance à intérioriser ses sentiments) pourrait contribuer à accroître le risque d'éprouver des problèmes de santé mentale. Les facteurs de risques psychologiques comprennent :
• de mauvaises aptitudes sociales ;
• des capacités d'adaptation inadéquates ;
• des problèmes de communication.

[2] Pour en savoir plus sur les recherches portant sur les facteurs héréditaires, consulter le site Web Psychosis Sucks!, qui a été créé par la Fraser Health Authority de Colombie-Britannique, à www.psychosissucks.ca/epi.

[3] Le National Institute of Mental Health des États-Unis (www.nimh.nih.gov/) est une bonne source de renseignements sur les nouveaux travaux de recherche portant sur les fondements biologiques des problèmes de santé mentale.

TROUBLES DE SANTÉ MENTALE

Comme c'est le cas pour les problèmes liés à l'utilisation d'une substance, il n'y a pas de critères précis indiquant à quel moment un problème devient suffisamment grave pour nécessiter un traitement. Comme nous l'avons expliqué au chapitre 1, un grand nombre de cliniciens utilisent les critères diagnostiques du *DSM-IV* pour identifier et évaluer les personnes qui semblent avoir un trouble de santé mentale. Dans la plupart des cas, on pose un diagnostic précis au cours du traitement. Toutefois, comme un grand nombre de troubles ont des symptômes similaires, le diagnostic peut changer plusieurs fois au cours du traitement.

Certains fournisseurs de services de santé mentale et de traitements des troubles liés à l'utilisation d'une substance utilisent les expressions trouble de l'axe I et trouble de l'axe II. Le *DSM-IV* utilise cinq axes pour classer l'information sur les troubles de santé mentale :
- Axe I : tous les troubles de santé mentale (p. ex., la schizophrénie, le trouble bipolaire, le trouble de dépendance à une substance) sauf les troubles de la personnalité et le retard mental (également appelé déficience intellectuelle).
- Axe II : les troubles de la personnalité et le retard mental.
- Axe III : les affections médicales pouvant contribuer aux problèmes psychologiques (p. ex., les maladies infectieuses).
- Axe IV : les problèmes psychosociaux et environnementaux (p. ex., les problèmes de logement).
- Axe V : appréciation générale de la capacité de fonctionnement (dans quelle mesure une personne parvient à composer avec son quotidien).

Les troubles de l'axe II sont beaucoup plus complexes et encore plus difficiles à diagnostiquer que les troubles de l'axe I.

Approche dimensionnelle

Pour mieux comprendre les problèmes de santé mentale, on peut également les répartir par catégories selon les comportements observés. C'est ce que nous avons fait au chapitre 2 pour les problèmes liés à l'utilisation d'une substance en indiquant que les drogues ayant des effets psychoactifs peuvent être classées en trois groupes : les dépresseurs, les stimulants et les hallucinogènes.

Nous suggérons que les problèmes de santé mentale peuvent être répartis en quatre groupes :
- les troubles de l'anxiété ;
- les troubles de l'humeur ;
- la psychose ;
- les troubles liés à l'impulsivité (Skinner, 2005).

Pour chaque groupe, les problèmes de santé mentale sont classés en fonction de leur gravité. Cette approche dimensionnelle est un moyen utile d'organiser les observations indiquant qu'une personne a un problème de santé mentale.

Tableau 3-1: L'approche dimensionnelle

DIMENSION	COMPORTEMENT VERBAL	PROBLÈME DE SANTÉ MENTALE		PROBLÈME LIÉ À L'UTILISATION D'UNE SUBSTANCE
		Axe I : Troubles de santé mentale	Axe II : Troubles de la personnalité	Troubles induits par une substance
Anxiété	• propos axés sur la peur	• troubles anxieux (p. ex., phobies, trouble obsessionnel-compulsif)	• personnalité évitante • personnalité dépendante • personnalité obsessionnelle-compulsive	• trouble anxieux induit par une substance (p. ex., trouble anxieux induit par le cannabis)
Humeur	• propos tristes • style laconique • propos frénétiques ou grandioses	• troubles dépressifs • dysthymie • troubles bipolaires	• caractéristiques affectives souvent présentes dans les troubles de la personnalité	• trouble de l'humeur induit par une substance (p. ex., dépression induite par l'héroïne)
Psychose	• propos bizarres	• schizophrénie • autres troubles psychotiques • manies	• personnalité schizoïde • personnalité schizotypique • personnalité paranoïaque	• trouble psychotique induit par une substance (p. ex., paranoïa induite par la cocaïne) • délire induit par une substance
Impulsivité	• propos menaçants	• troubles du contrôle des impulsions • jeu de hasard et d'argent • boulimie • abus d'alcool et d'autres drogues ou dépendance à l'alcool et à d'autres drogues	• personnalité antisociale • personnalité limite • personnalité narcissique • personnalité histrionique	• trouble du contrôle des impulsions induit par une substance (p. ex., trouble sexuel induit par l'amphétamine)

ANXIÉTÉ

Il y a plusieurs types de troubles anxieux, qui sont les troubles de santé mentale les plus courants, ainsi que plusieurs causes et symptômes différents. Toutefois, les personnes ayant des troubles anxieux éprouvent toutes une anxiété et une peur profondes qui affectent leur humeur, leurs pensées et leur comportement. Lorsqu'une personne a un trouble anxieux, ses pensées et ses sentiments peuvent l'empêcher de prendre les mesures nécessaires pour être productive et retrouver une bonne santé. Cette maladie chronique peut s'aggraver si elle n'est pas traitée. On trouvera ci-après une description des troubles anxieux suivants :
• état de stress post-traumatique ;
• anxiété généralisée ;
• trouble panique ;
• phobie sociale ;
• trouble obsessionnel-compulsif.

ÉTAT DE STRESS POST-TRAUMATIQUE

Comme nous en avons discuté au chapitre 1, un grand nombre de personnes qui éprouvent des problèmes liés à l'utilisation d'une substance ou des problèmes de santé mentale ont vécu ou vivent un traumatisme sexuel, physique, psychologique ou émotionnel.

Le traumatisme peut déclencher des problèmes de santé mentale comme l'anxiété, la dépression, des symptômes psychotiques ou des troubles de la personnalité (SAMHSA, 2003). La catégorie diagnostique du *DSM-IV* dont fait partie l'état de stress post-traumatique (ESPT) comprend une série de symptômes que l'on peut éprouver après avoir vécu un traumatisme.

État de stress post-traumatique simple

Une personne peut être dans un ESPT après avoir vécu ou observé un événement où des dommages physiques graves ont été infligés ou il y a eu des menaces d'infliger de tels dommages. Les symptômes comprennent les suivants :
• flash-back, cauchemars ou souvenirs qui font revivre l'événement ;
• anxiété intense ;
• agitation intense ;
• accélération du rythme cardiaque ;
• tremblements ;
• sueurs ;
• conscience accrue de l'environnement (hypervigilance) ;
• évitement de toute chose associée au traumatisme.

On pose un diagnostic d'ESPT lorsque les symptômes durent plus d'un mois. On entend par un ESPT simple les symptômes que peut éprouver une personne ayant vécu un événement d'une durée limitée comme un accident de voiture ou une catastrophe naturelle.

État de stress post-traumatique complexe

Les cliniciens et les chercheurs ont constaté que, dans bien des cas, les critères du DSM-IV utilisés pour diagnostiquer l'ESPT ne reconnaissent pas les dommages psychologiques graves causés par un traumatisme de longue durée. Par exemple, certaines personnes ordinaires en bonne santé qui vivent un traumatisme chronique ne se perçoivent plus de la même façon et réagissent différemment pour s'adapter aux événements stressants. La D^re Judith Herman estime qu'il faut utiliser un nouveau diagnostic, appelé ESPT complexe (parfois appelé trouble du stress extrême) pour décrire les symptômes d'un traumatisme de longue durée.

Parmi les expériences pouvant causer un ESPT complexe, citons les suivantes :
• violence familiale de longue durée ;
• violence physique grave de longue durée ;
• abus sexuel d'enfants ;
• internement dans un camp de concentration ou un camp de prisonniers de guerre.

Pour poser un diagnostic d'ESPT complexe, il faut d'abord que la personne ait vécu pendant longtemps une situation où elle se sentait impuissante ou prise au piège.

Les symptômes comprennent les changements dans :
• la régulation des émotions (p. ex., tristesse persistante, pensées suicidaires, colère explosive ou refoulée) ;
• l'état de conscience (p. ex., oublier ou revivre les traumatismes ou se sentir coupé de son esprit ou de son corps) ;
• la perception de soi (p. ex., sentiment d'impuissance, honte, culpabilité, préjugés et impression d'être totalement différent des autres) ;
• la perception de l'auteur du traumatisme (p. ex., attribution d'une autorité totale à l'auteur ou préoccupation soudaine par rapport à sa relation avec l'auteur, dont un désir de vengeance) ;
• les relations avec les autres (p. ex., s'isoler, se méfier ou chercher constamment un sauveur) ;
• le système des valeurs et des croyances (p. ex., la perte de la foi ou le désespoir).

Certaines personnes ayant vécu un traumatisme évitent de penser à des sujets liés au traumatisme ou d'en parler, parce que les sentiments qui y sont associés sont souvent accablants. Un grand nombre d'entre elles (entre 50 et 90 pour 100) abusent de l'alcool et d'autres substances pour éviter ou atténuer les sentiments et les pensées liés au traumatisme. D'autres se mutilent ou se font du mal d'une autre façon.

En premier lieu, il faut régler les situations de crise qui menacent la sécurité de la personne se trouvant dans un ESPT (p. ex., elle dit qu'elle veut se suicider) ou la sécurité d'autrui (p. ex., elle réagit violemment lorsqu'elle se sent menacée). Toutefois, on obtient les meilleurs résultats lorsqu'on traite simultanément l'ESPT et l'autre ou les autres troubles au lieu de les traiter l'un après l'autre. Cela est particulièrement vrai lorsqu'une personne est dans un ESPT en plus d'avoir un trouble lié à l'utilisation d'alcool ou d'une autre substance.

ANXIÉTÉ GÉNÉRALISÉE

Les personnes qui éprouvent une anxiété et une tension excessives depuis au moins six mois peuvent avoir une anxiété généralisée. En général, elles s'attendent au pire et s'inquiètent, même si rien ne laisse présager de problèmes. Dans bien des cas, elles éprouvent les symptômes suivants :
- insomnie ;
- fatigue ;
- tremblements ;
- tension musculaire ;
- maux de tête ;
- irritabilité ;
- bouffées de chaleur.

TROUBLE PANIQUE

Le trouble panique survient lorsqu'on vit plusieurs crises de panique ou qu'on ressent brusquement une peur intense ou de la terreur. Pendant de telles crises, on peut éprouver les symptômes physiques suivants :
- essoufflement ;
- palpitations ;
- douleur thoracique ou malaise pulmonaire ;
- étouffement ;
- peur de perdre le contrôle ;
- peur de devenir fou.

Un grand nombre de personnes aux prises avec un trouble panique deviennent anxieuses face à des endroits ou des situations qui, craignent-elles, déclencheront une autre crise ou les empêcheront d'obtenir de l'aide. Elles peuvent même devenir agoraphobes, c'est-à-dire qu'elles ont peur des espaces ouverts ou des lieux publics. Les femmes sont deux fois plus susceptibles que les hommes d'avoir un trouble panique, qui se manifeste généralement au début de l'âge adulte.

PHOBIE SOCIALE

Les personnes qui ont une phobie sociale éprouvent beaucoup d'anxiété et d'embarras dans les situations sociales du quotidien. Elles craignent d'être jugées et embarrassées par les gestes qu'elles posent. Cette anxiété peut les amener à éviter les situations où elles risquent de se faire humilier. Les autres symptômes comprennent le rougissement, la transpiration, les tremblements, la difficulté à parler et la nausée. Les femmes sont deux fois plus susceptibles que les hommes d'avoir une phobie sociale, qui se manifeste généralement pendant l'enfance ou au début de l'adolescence.

TROUBLE OBSESSIONNEL-COMPULSIF

Les personnes ayant ce trouble ont des pensées obsédantes et non désirées qui leur causent une anxiété ou une détresse marquée ou qui les amènent à adopter un comportement donné pour composer avec cette anxiété. Elles posent des gestes pour prévenir ou éliminer les pensées obsédantes (p. ex., constamment se laver les mains ou nettoyer pour éliminer ou atténuer la peur des microbes). Ces comportements procurent un soulagement qui n'est que temporaire. Si elles ne sont pas traitées, ces obsessions et compulsions peuvent monopoliser la vie de la personne.

Humeur

Il est normal d'avoir des humeurs variées. En général, les gens contrôlent plus ou moins leurs humeurs. Lorsqu'on a l'impression de perdre ce contrôle, on éprouve de la détresse. Les personnes ayant une humeur euphorique (manie) peuvent également avoir une humeur expansive, des pensées qui défilent, des troubles du sommeil, une estime de soi exagérée et des idées grandioses. Les personnes ayant une humeur dépressive (dépression) peuvent avoir des symptômes tels qu'un manque d'énergie et d'intérêt, un sentiment de culpabilité et de la difficulté à se concentrer.

Trouble dépressif majeur

Prévalence

Entre 15 et 20 pour 100 des femmes et entre 10 et 15 pour 100 des hommes auront un trouble dépressif majeur au cours de leur vie.

Symptômes

Une personne qui éprouve au moins cinq des symptômes suivants satisfait au critère diagnostic d'un trouble dépressif majeur :
- Humeur dépressive : Une humeur dépressive est très différente de la tristesse. En fait, un grand nombre de personnes qui vivent une dépression disent qu'elles ne peuvent pas ressentir de tristesse ou pleurer lorsqu'elles sont déprimées. Quand on parvient à pleurer, cela signifie souvent que la dépression s'estompe.
- Perte d'intérêt ou de plaisir : Au début de la dépression ou si la dépression est légère, la personne aime encore se livrer à des activités agréables et en éprouve du plaisir. Une personne qui vit une dépression grave perd cette capacité.
- Perte ou gain de poids : Un grand nombre de personnes perdent du poids lorsqu'elles sont déprimées, notamment parce qu'elles n'ont plus d'appétit. Par contre, d'autres personnes voient leur appétit augmenter et peuvent mourir d'envie de manger des aliments riches en glucides, ce qui leur fait prendre du poids. Selon le type de dépression, le métabolisme de la personne peut s'accélérer ou ralentir, ce qui se traduira par une perte ou un gain de poids.

- Problèmes de sommeil : La dépression s'accompagne souvent de problèmes de sommeil. En effet, un grand nombre de personnes déprimées souffrent d'insomnie. Elles ont de la difficulté à s'endormir, se réveillent souvent pendant la nuit ou se réveillent très tôt le matin. Leur sommeil est agité et elles sont épuisées au lever. D'autres personnes dorment trop, surtout pendant le jour. C'est ce qu'on appelle l'*hypersomnie*.
- Changements physiques : Chez certaines personnes dépressives, les mouvements, l'élocution ou la pensée ralentissent. Dans les cas graves, la personne est incapable de bouger, de parler ou de répondre. Pour d'autres personnes, c'est l'inverse qui se produit. Elles deviennent agitées et ne tiennent pas en place. Elles font les cent pas, se tordent les mains ou manifestent leur agitation d'autres façons.
- Perte d'énergie : Les personnes dépressives ont de la difficulté à accomplir les tâches du quotidien. Il leur faut beaucoup plus de temps pour faire ce qu'elles doivent faire au travail ou à la maison parce qu'elles manquent d'énergie et de motivation.
- Culpabilité et impression qu'on n'est bon à rien : Certaines personnes déprimées manquent de confiance en soi. Elles ne s'affirment pas et ont l'impression qu'elles sont bonnes à rien. Un grand nombre pensent constamment à des événements passés. Elles sont obsédées par la crainte d'avoir laissé tomber quelqu'un ou d'avoir dit quelque chose de blessant et elles se sentent coupables. Dans les cas graves, cette culpabilité peut causer des idées délirantes. (Voir la section « symptômes psychotiques » trois paragraphes ci-dessous.)
- Incapacité de se concentrer ou de prendre des décisions : Certaines personnes sont incapables d'accomplir des tâches simples ou de prendre des décisions simples.
- Pensées suicidaires : Dans bien des cas, les personnes dépressives pensent que ça ne vaut pas la peine de vivre ou qu'il serait préférable qu'elles meurent. Le risque est élevé qu'elles donnent suite à ces pensées. Un grand nombre de personnes tentent de se suicider lorsqu'elles sont déprimées.
- Symptômes psychotiques : Ils peuvent comprendre de fausses croyances comme croire qu'on subit une punition pour avoir commis des péchés. Certaines personnes ayant des symptômes psychotiques croient qu'elles sont atteintes d'une maladie terminale comme le cancer. D'autres entendent des voix (hallucinations auditives).

Les autres symptômes peuvent comprendre les suivants :
- sensibilité et préoccupation excessives envers soi-même ;
- pensées négatives ;
- réaction minime au réconfort, au soutien, à la rétroaction ou à la compassion ;
- désensibilisation aux sentiments d'autres personnes en raison de la douleur interne ressentie ;
- besoin de contrôler les relations avec autrui ;
- incapacité de jouer un rôle normal.

Cours de la maladie

Le premier épisode dépressif peut survenir à tout moment.

La plupart des gens vivent avec la dépression pendant longtemps avant de demander des services de santé mentale. Certains ont vécu plusieurs événements stressants et ont tenté de maîtriser leurs sautes d'humeur. Ils demandent de l'aide uniquement lorsqu'ils ont beaucoup de difficulté à composer avec leur milieu familial ou professionnel ou avec des relations importantes.

La dépression peut prendre plusieurs formes. Il peut s'agir d'un « épisode isolé » (c'est-à-dire que c'est la première fois que la personne vit une dépression majeure) ou d'un « épisode récurrent » (c'est-à-dire que la personne a vécu une dépression majeure au moins une fois auparavant). La gravité des épisodes peut varier. Certains sont mineurs et affectent moins la capacité de la personne de fonctionner tandis que d'autres sont majeurs et perturbent considérablement la vie de la personne.

Trouble bipolaire

Prévalence

Entre 1 et 2 pour 100 de la population sera aux prises avec un trouble bipolaire à un moment ou à un autre.

Symptômes

Il y a trois principaux groupes de symptômes associés au trouble bipolaire : la manie, l'hypomanie et la dépression.

Manie

Si l'humeur d'une personne est anormale ou demeure élevée pendant au moins une semaine, elle pourrait être dans la phase maniaque de la maladie. Toutefois, les personnes dans cette phase ne se sentent pas toutes euphoriques. Certaines sont très irritables, agissent de façon brutale, se mettent en colère, adoptent des comportements perturbateurs ou sont agressives. Elles peuvent être très impatientes envers autrui, dire des choses blessantes ou agir de façon impulsive, voire dangereuse.

Pour qu'un diagnostic de trouble bipolaire soit posé, il faut que, en plus des humeurs mentionnées précédemment, la personne présente manifestement au moins trois des symptômes suivants :

- elle a une estime de soi exagérée ou des idées de grandeur ;
- elle a moins besoin de dormir ;
- elle est plus bavarde ;
- elle est submergée d'idées ou ses pensées défilent constamment ;
- elle se met à parler plus vite et ses pensées, qui s'accélèrent elles aussi, peuvent être désorganisées ;
- elle manque de jugement ;
- elle manifeste des symptômes psychotiques comme des idées délirantes (fausses croyances) et, dans certains cas, elle a des hallucinations (surtout auditives, comme entendre des voix).

Les personnes qui ont une manie deviennent émotives et ont des réactions fortes face aux situations dans lesquelles elles se trouvent. Dans le cas des personnes qui ont de la difficulté à maîtriser leur colère ou qui deviennent facilement frustrées, cela peut mener à des comportements violents.

Hypomanie

L'hypomanie est une forme atténuée de manie dont les symptômes sont moins graves. Toutefois, ces symptômes peuvent nuire à la capacité de la personne de fonctionner. On reconnaît maintenant que l'hypomanie a une plus grande incidence que ce que l'on croyait sur la vie de la personne et les relations qu'elle a nouées.

Dépression

Les symptômes d'un épisode dépressif ont été décrits dans la sections intitulée « Trouble dépressif majeur ».

Trouble bipolaire I

Pendant leur maladie, certaines personnes sont aux prises avec une manie ou une dépression ou ces deux affections entrecoupées de phases où elles se sentent bien.

Trouble bipolaire II

Certaines personnes ont une hypomanie, font une dépression et traversent des phases où elles ne manifestent aucun symptôme et ne vivent jamais de phase de manie.

Cours de la maladie

En général, les états maniaque/hypomaniaque, dépressif et mixte (état maniaque/hypomaniaque et état dépressif) ne se manifestent pas dans un ordre donné. De plus, on ne peut prévoir à quelle fréquence ils se manifesteront. Chez un grand nombre de personnes, il s'écoule plusieurs années entre chaque épisode tandis que chez d'autres, ces épisodes sont plus fréquents. Une personne moyenne ayant une maladie bipolaire vivra environ 10 épisodes de dépression et de manie/d'hypomanie ou des états mixtes pendant sa vie. À mesure que le temps passe, les épisodes sont plus fréquents. Si elles ne sont pas traitées, les manies durent souvent de deux à trois mois. Si elle n'est pas traitée, la dépression dure en général de quatre à six mois.

Une personne sur cinq ayant un trouble bipolaire a quatre épisodes par année – et parfois beaucoup plus – entrecoupés de courtes phases où elle n'a aucun symptôme. C'est ce qu'on appelle les cycles rapides. Ce sous-type de trouble bipolaire nécessite un traitement spécifique. On ne connaît pas les causes des *cycles rapides*. Parfois, ils sont causés par l'administration d'antidépresseurs, mais le lien entre ces deux facteurs demeure nébuleux. Dans certains cas, si la personne cesse de prendre des antidépresseurs, son cycle redevient « normal ».

Psychose

Le trouble psychotique est une maladie grave qui perturbe la façon dont une personne agit et pense, et ce qu'elle voit, entend et ressent. De plus, il lui est difficile, voire impossible, de déterminer ce qui est réel et ce qui ne l'est pas.

Les symptômes de la psychose peuvent être positifs (quelque chose est « ajouté » à la personne, quelque chose qu'elle n'a pas toujours en elle-même) ou négatifs (quelque chose est « retiré » de la personne ou il lui « manque » quelque chose).

Schizophrénie

Prévalence

Environ 1 pour 100 de la population aura un épisode de schizophrénie à un moment ou à un autre.

Symptômes

Les signes avant-coureurs de la schizophrénie comprennent les suivants :
- délaisser ses activités habituelles et s'isoler de sa famille et de ses amis ;
- avoir de la difficulté à se concentrer ;
- manquer d'énergie ;
- être confus ;
- avoir de la difficulté à dormir ;
- tenir des propos inhabituels, avoir de curieuses pensées ou agir différemment (p. ex., la personne peut devenir très préoccupée par la religion ou la philosophie).

Cette première phase peut durer plusieurs semaines, voire des mois.

La gravité des symptômes et la nature chronique de la schizophrénie peuvent causer un handicap majeur. De plus, les membres de la famille peuvent avoir de la difficulté à s'adapter à la situation, car elles se souviennent comment était la personne avant la maladie.

Les symptômes positifs (symptômes qui se manifestent chez la personne) comprennent les suivants :
- Idées délirantes : Les idées délirantes sont des croyances personnelles erronées ou irrationnelles. Environ le tiers des personnes schizophrènes ont de telles idées, qui peuvent se manifester par une impression d'être persécutées, trompées ou harcelées et par des délires de grandeur (une perception erronée de soi, p. ex., croire qu'on est célèbre).
- Hallucinations : Avoir des hallucinations, c'est entendre, voir, goûter ou vivre des choses qui n'existent pas. Les hallucinations les plus courantes consistent à entendre des voix.
- Pensées désordonnées : Les pensées peuvent devenir décousues, de sorte que les conversations n'ont plus de sens. Les pensées vont et viennent et il est impossible de se concentrer sur une seule. C'est ce qu'on appelle le *trouble de la pensée*. Ce trouble peut contribuer à l'isolement de la personne.
- Difficultés cognitives : La personne peut avoir des trous de mémoire ainsi que de la difficulté à se concentrer et à comprendre des concepts.

- Diminution du fonctionnement social ou professionnel : La personne peut éprouver des problèmes au travail ou à l'école ou avoir de la difficulté à prendre soin d'elle-même.
- Comportement déviant : La personne est dans tous ses états, sans raison apparente.

Les personnes ayant la schizophrénie ont souvent des symptômes négatifs (ce que la personne perd ou ce qui lui manque), notamment un affect « aplati » ou « émoussé ». Cela signifie que la personne a de la difficulté à démontrer ou à exprimer ses sentiments. Elle se sent vide et semble tout à fait apathique, peu motivée et coupée du monde.

Cours de la maladie

Les risques d'être aux prises avec la schizophrénie sont les mêmes pour les hommes et pour les femmes. Toutefois, en général, les hommes ont leur premier épisode à la fin de l'adolescence ou au début de la vingtaine tandis que les femmes l'ont quelques années plus tard. Dans la plupart des cas, les symptômes de la maladie se manifestent de façon si graduelle qu'il s'écoule beaucoup de temps avant que la personne qui les éprouve et sa famille ne se rendent compte de la maladie.

En général, l'intensité des symptômes de la schizophrénie varie avec le temps. Certaines personnes ont une forme atténuée de la maladie et leurs symptômes ne se manifestent que quelques fois au cours de leur vie. D'autres éprouvent des symptômes quasi permanents et doivent être hospitalisées pour assurer leur sécurité et celle d'autrui.

Impulsivité

On entend par problèmes d'impulsivité les comportements où l'envie de faire quelque chose dépasse la capacité de la personne de comprendre que ce comportement comporte un risque élevé qu'elle se fasse du mal ou qu'elle en fasse à d'autres personnes.

Les troubles liés à l'utilisation d'une substance et les comportements tels que le jeu problématique, les comportements antisociaux et les problèmes liés à la colère et à l'agressivité sont des exemples de problèmes d'impulsivité.

Une personne ayant des problèmes d'impulsivité doit apprendre à penser avant d'agir. Face à une situation, il lui arrive trop souvent de prendre des mesures dont elle aurait pu prévoir les conséquences si elle s'était renseignée davantage et si elle avait réfléchi avant d'agir.

Dans bien des cas, les comportements impulsifs ont pour but de tenter de contrôler une situation menaçante ou qui suscite un sentiment d'insécurité. Dans quelques cas, la personne ne se soucie pas de l'incidence de ses comportements sur d'autres personnes ni sur elle-même. En général, ce type de comportements mène à un diagnostic de trouble des conduites chez les jeunes ou de comportement antisocial chez les adultes.

TROUBLES DE LA PERSONNALITÉ

La personnalité est la façon de penser et de se comporter, ce que l'on ressent, la façon dont on comprend une situation et dont on y réagit (la réaction émotionnelle à une situation difficile, la façon dont on compose avec le stress ou la perception du monde extérieur et les réactions face à ce monde).

Les troubles de la personnalité sont un type de problème de santé mentale. Tel qu'indiqué dans le tableau 3-1 : L'approche dimensionnelle à la p. 39, les troubles de la personnalité sont des troubles de l'axe II. Ces troubles sont beaucoup plus complexes et encore plus difficiles à diagnostiquer que les troubles de l'axe I. Plusieurs aspects de ces diagnostics (comme la personnalité limite et la personnalité antisociale) sont semblables aux aspects de la personnalité de *tous et chacun*. Dans bien des cas, on pose un diagnostic de trouble de la personnalité lorsque certains aspects des comportements, des réactions et des perceptions d'une personne sont extrêmes et lui causent de graves problèmes.

Les symptômes des troubles de la personnalité peuvent être semblables à ceux des troubles anxieux, psychotiques, de l'humeur et de l'impulsivité. Le diagnostic des troubles de la personnalité n'est pas infaillible. Dans bien des cas, on pose un tel diagnostic pour décrire un ensemble de symptômes qui ne peuvent être classés dans une autre catégorie.

Certains praticiens estiment que les troubles de la personnalité ne sont pas des problèmes de santé mentale. Nous sommes d'avis que ces troubles sont des problèmes pour lesquels il faut accorder de l'aide.

Groupes des troubles de la personnalité

Dans le *DSM-IV*, les troubles de la personnalité sont classés en trois groupes, selon les dimensions décrites précédemment (psychose, impulsivité et anxiété).

Le groupe A (dimension psychotique) comprend la personnalité schizoïde, la personnalité schizotypique et la personnalité paranoïaque. Il est caractérisé par des perturbations du schéma cognitif et perceptif qui ressemblent aux processus psychotiques, bien qu'elles soient généralement moins graves.

Le groupe B (dimension de l'impulsivité) comprend la personnalité antisociale, la personnalité limite, la personnalité narcissique et la personnalité histrionique. Ce groupe est caractérisé par des comportements impulsifs.

Le groupe C (dimension de l'anxiété) comprend la personnalité évitante, la personnalité dépendante et la personnalité compulsive.

Nous fournissons des précisions sur la personnalité limite car il s'agit d'un des troubles qui cause le plus grand nombre de préjugés. Un grand nombre de personnes chez qui on a diagnostiqué une personnalité limite manifestent des symptômes qui font en sorte qu'il leur est difficile d'éviter de graves problèmes sociaux et d'obtenir de l'aide du système de santé mentale et des organismes de services sociaux.

Personnalité limite

Les symptômes de la personnalité limite peuvent se manifester de diverses façons. Les personnes aux prises avec ce trouble peuvent avoir un grand nombre, voire la totalité, des traits suivants :
- crainte d'être abandonnées ;
- sautes d'humeur extrêmes ;
- difficulté à maintenir des relations ;
- image de soi instable ;
- difficulté à maîtriser ses émotions ;
- comportement impulsif ;
- automutilation ;
- idées suicidaires ;
- épisodes psychotiques transitoires.

Un grand nombre des caractéristiques de la personnalité limite sont des exemples extrêmes de la façon dont n'importe qui pourrait réagir à une situation qui le bouleverse. Ces réactions peuvent mener à un diagnostic de personnalité limite si la personne adopte des comportements autodestructeurs graves lorsqu'elle se met en colère, lorsqu'elle est déçue ou lorsqu'elle éprouve une perte ou du chagrin et se sent abandonnée de tous.

Activité 3-1 : Repérer les problèmes de santé mentale

Lisez chacune des descriptions suivantes et indiquez si la situation est caractérisée par une humeur, de l'anxiété, une psychose ou l'impulsivité. La situation peut comporter plus d'une dimension.

Thomas, âgé de 50 ans, et son épouse, Laura, âgée de 47 ans, sont mariés depuis 20 ans. Ils travaillent tous deux à temps plein. Thomas est cadre dans un cabinet d'architectes et Laura dirige un grand centre de culture physique. Ils n'ont pas d'enfants, mais ont plusieurs couples d'amis qu'ils connaissent depuis de nombreuses années. Thomas et Laura travaillent beaucoup, mais ils passent aussi beaucoup de temps ensemble le soir et la fin de semaine. Il y a un an environ, Thomas a commencé à avoir de la difficulté à s'endormir et, par conséquent, à se réveiller à l'heure pour aller travailler. Il disait qu'il se sentait nerveux et agité et que, au travail, il avait de la difficulté à accomplir des tâches qui lui étaient faciles auparavant. Laura s'est s'inquiétée lorsque Thomas s'est isolé et a commencé à passer de plus en plus de temps devant la télévision ou simplement assis dehors, le regard perdu dans le vide. Depuis que le comportement de Thomas a changé, Laura se préoccupe également du fait que Thomas boit de plus en plus. Il prenait un verre de vin à l'occasion ; maintenant il prend plusieurs verres de whisky quatre ou cinq soirs par semaine. Il est incapable d'exprimer ses sentiments et d'expliquer pourquoi son comportement a tant changé. Un soir, lorsque Laura et Thomas devaient se rendre chez des amis pour dîner, Laura a découvert Thomas assis sur le plancher de la chambre, tremblant et en pleurs. Il lui a dit qu'il était trop nerveux pour sortir et qu'il « en avait assez de se sentir ainsi ».

Ben étudie la biochimie à l'université. Ce célibataire de 20 ans, qui en est à sa deuxième année d'études universitaires, habite en résidence sur le campus. Bien qu'il soit généralement timide et réservé, il s'est lié d'amitié avec son camarade de chambre, un étudiant extraverti qui vient d'une autre province et qu'on surnomme « Scat ». Ben a même accompagné Scat à quelques partys sur le campus et se rendait en classe avec Scat et plusieurs autres étudiants de la résidence. Les parents de Ben n'habitent pas loin et étaient ravis que Ben, qui était renfermé et solitaire quand il était enfant et adolescent, se soit fait de nouveaux amis. Toutefois, au milieu de l'année scolaire, Ben a coupé les liens avec son nouveau groupe d'amis et ne voulait plus les accompagner dans leurs sorties. Il faisait l'école buissonnière, préférant rester dans sa chambre en résidence. En quelques mois, Ben a cessé de manger à la cafétéria, disant qu'il y avait « quelque chose dans la nourriture » et que quelqu'un essayait de l'empoisonner. Il croyait de plus en plus que les autres étudiants parlaient de lui dans son dos et a même accusé Scat de vouloir lui faire du mal. Finalement, il a abandonné ses études et passait toutes ses journées dans sa chambre, dans le noir, à fumer des cigarettes et de la marijuana et à écouter de la musique bruyante. Quand Scat entrait dans la chambre, Ben lui disait en criant de quitter les lieux. Scat a rappelé à Ben qu'il était interdit de fumer dans la résidence. En entendant cela, Ben a lancé une chaise contre Scat et est sorti de la chambre comme un ouragan. Comme Ben n'était pas rentré depuis trois jours, Scat a téléphoné aux parents de Ben. Ceux-ci ont été stupéfaits du comportement de Ben, surtout de ses explosions de colère et de son usage de tabac et de drogues.

Karine est une célibataire de 32 ans qui travaille à temps partiel dans un grand magasin. Elle a l'habitude de vivre seule et de subvenir à ses besoins, compte tenu du fait qu'elle a quitté la maison à l'âge de 17 ans parce que ses parents se disputaient constamment et buvaient tous les jours. Karine s'est toujours sentie désespérée et découragée (abattue et triste) en pensant à sa vie et a traversé de longues périodes où elle avait l'impression qu'elle était bonne à rien et nulle et se sentait seule. Depuis l'âge de 15 ans, Karine a aussi connu des périodes de colère intense où elle avait envie de se faire du mal. Les membres de sa famille sont incapables de faire face à leurs émotions et se sont toujours tournés vers l'alcool ou le jeu pour composer avec les sentiments désagréables qu'ils ressentent comme la colère, l'ennui, la tristesse et l'anxiété. Karine n'a pas appris à composer avec ses sentiments et, depuis l'âge de 17 ans, elle prend diverses drogues pour atténuer la douleur psychologique qu'elle ressent. Elle a aussi découvert qu'en se coupant les bras et les jambes avec des objets tranchants, elle parvient à éliminer les émotions douloureuses, bien que le soulagement que lui procure cette automutilation ne dure jamais longtemps. Karine a constaté que sa colère et sa solitude sont de plus en plus intenses. Pour y faire face, elle a commencé à prendre une quantité excessive de pilules et s'est retrouvée à l'hôpital à plusieurs reprises. Au cours d'une de ces visites, elle a révélé à une infirmière du service des urgences de l'hôpital qu'elle envisage de se suicider.

Amélie a quatre enfants. Cette femme de 35 ans habite dans un logement subventionné dans une banlieue de Toronto. Amélie touche des prestations d'aide sociale et une aide financière pour ses enfants, âgés de sept ans, cinq ans, trois ans et neuf mois. Son ex-mari est en prison pour trafic de stupéfiants. Depuis son divorce il y a un an, Amélie se sent accablée, en particulier parce qu'elle doit trouver un emploi suffisamment rémunéré pour lui permettre de subvenir aux besoins de ses enfants. Elle se demande aussi où elle trouvera des places de garderie si elle obtient un bon emploi. Comme elle doit s'occuper de quatre enfants, Amélie n'a pas le temps de se faire des amis. Elle a souvent l'impression qu'elle porte un fardeau énorme sur ses épaules. Elle est déprimée et se sent isolée et croit que personne ne peut l'aider à s'acquitter de ses responsabilités. Tous les jours, elle traverse des crises de grande agitation et nervosité pendant lesquelles elle est incapable de s'occuper de ses enfants. Elle a constaté que si elle fait les cent pas dans les mêmes pièces, dans le même ordre et dans la même direction en répétant une phrase donnée, sa nervosité diminue quelque peu. Amélie a aussi constaté que, pendant ces crises, ses mains tremblent, elle est essoufflée, son cœur bat très vite et elle est couverte de sueur. Quand ces symptômes sont très intenses, Amélie prend des doses excessives d'un tranquillisant comme le Valium, que lui a prescrit son médecin de famille parce qu'elle est insomniaque.

Commentaires

Thomas a des problèmes *d'humeur* et *d'anxiété*. Ben semble souffrir de *psychose*. Karine semble être aux prises surtout avec un problème *d'impulsivité* et des problèmes *d'humeur*. Amélie semble avoir des problèmes *d'anxiété* et *d'humeur* (dépression).

RÉFÉRENCES

SKINNER, W.J. *Treating Concurrent Disorders: A Guide for Counsellors*, Toronto, Centre de toxicomanie et de santé mentale, 2005.

Partie II :
Incidence sur les familles

Effets des troubles concomitants sur la vie familiale

4

Aperçu

- Changements de comportement
- Changements dans les relations
- Responsabilités supplémentaires
- Incidence sur les aidants naturels

Lorsqu'on apprend qu'un membre de sa famille a à la fois un trouble de santé mentale et un trouble lié à l'utilisation d'une substance, on est sous le choc et on a peur. Les troubles de santé mentale peuvent être accablants pour la famille. La routine quotidienne apaisante fait alors place à un tourbillon d'émotions.

Un grand nombre d'études font état du stress qu'éprouvent les familles dont un membre a une maladie mentale. Toutefois, peu d'études ont été réalisées sur la pression supplémentaire exercée sur la famille lorsque cette personne a aussi des problèmes liés à l'abus d'une substance. Une étude effectuée aux États-Unis a confirmé ce qu'un grand nombre de familles savent déjà : l'abus d'une substance accentue les conflits familiaux et mine le soutien social (Kashner et coll., 1991).

Dans bien des cas, la vie des membres de la famille est bouleversée lorsque l'un d'entre eux est aux prises avec des troubles concomitants. Un grand nombre des changements qui se produisent sont une source de stress. Le présent chapitre porte sur ce qui suit :
• les changements de comportement chez la personne aux prises avec des troubles concomitants ;
• les changements dans les relations entre les membres de la famille ;
• les responsabilités supplémentaires que doivent assumer les aidants naturels ;
• l'incidence sur les aidants naturels.

Avant de discuter de ces expériences plus en détail, il importe de préciser que des changements positifs se produisent dans certains cas. S'il est vrai que les membres de la famille doivent être conscients des défis auxquels ils font face et s'y adapter, ces défis ne sont qu'un aspect de l'expérience que vivent les aidants naturels. Un grand nombre de familles ont dit qu'elles se sentaient plus proches de leur être cher et qu'elles avaient appris à apprécier les choses importantes de la vie comme nouer des liens affectifs avec un autre être humain, avoir de l'espoir, surmonter des épreuves énormes et accompagner le membre de leur famille dans son cheminement vers le rétablissement. Plusieurs familles trouvent une façon positive d'envisager les circonstances difficiles, par exemple en se concentrant sur l'espoir et la croissance personnelle associés aux soins qu'elles prodiguent et en considérant cette expérience comme un événement positif qui les a transformées.

CHANGEMENTS DE COMPORTEMENT

Les problèmes de santé mentale peuvent causer des changements angoissants dans la façon dont on perçoit la réalité et dont on y réagit. Ces changements peuvent avoir une incidence sur les relations et la capacité de fonctionner. Les changements de comportement comprennent la paranoïa et les hallucinations, la colère, les sautes d'humeur graves ou une anxiété accablante. Les personnes ayant des problèmes de santé mentale peuvent :

- perdre confiance dans les membres de leur famille immédiate ;
- avoir de la difficulté à prendre des décisions simples, à mener leurs plans à terme et à se fixer des objectifs ;
- délaisser les activités qui leur étaient agréables ;
- s'isoler du monde ;
- avoir de la difficulté à exprimer leurs sentiments et leurs pensées ;
- se replier sur elles-mêmes ;
- devenir hostiles, même envers les membres de leur famille.

> *Cela suscite plusieurs sentiments en vous, en plus de ceux que vous éprouvez envers le membre de votre famille. Quelle incidence ce problème aura-t-il sur sa vie ? Que va-t-il lui arriver ? Tout arrive en même temps. Et vous vous préoccupez de ses frères et sœurs, de vos autres enfants. Ce problème peut toucher tellement de monde.*

Les problèmes liés à l'utilisation d'une substance peuvent nuire à la capacité de suivre les routines de la famille et de s'acquitter de ses responsabilités. Les personnes aux prises avec ces problèmes peuvent :
- consacrer plus de temps à se procurer et à utiliser une substance et moins de temps à se livrer à leurs activités habituelles ou délaisser ces activités ;
- avoir des problèmes financiers (l'utilisation d'une substance peut coûter très cher ; dans certains cas, elle peut mener à la perte d'emploi, ce qui peut aggraver les problèmes financiers) ;
- mal se conduire.

CHANGEMENTS DANS LES RELATIONS

Membre de la famille aux prises avec des troubles concomitants

Il arrive souvent que des personnes aux prises avec des troubles concomitants estiment que les membres de leur famille s'immiscent dans leur vie privée. Le ressentiment qu'elles éprouvent parce qu'elles se sentent surprotégées peut susciter de la colère et de la révolte, et peut les amener à mal se conduire. Ces comportements peuvent accroître le risque que les problèmes de santé mentale ne s'aggravent ou que la personne ne se mette dans une situation dangereuse. Le cycle des préoccupations de la famille et des réactions de l'être cher se répète alors. Cela fait perdre du temps à tout le monde, devient épuisant sur le plan physique et affectif, et nuit à la qualité de vie.

Père et mère

Dans bien des cas, le père et la mère d'enfants aux prises avec un trouble de santé mentale éprouvent un sentiment de vide et de la tristesse en voyant à quel point leur enfant a changé. Les membres de la famille devront peut-être modifier leurs attentes à l'égard de l'être cher concernant ses études, sa carrière, le mariage et les enfants, ce qui peut causer une douleur émotionnelle, un sentiment de perte, de la peine, de la tristesse et de la colère. La peine est semblable à celle qu'on ressent lorsqu'un être cher meurt ou souffre d'une maladie chronique.

> *La famille avait déjà tant d'autres problèmes. Je me souviens que j'étais triste et frustré et j'éprouvais un sentiment de vide au sujet de ma fille et de ce qu'elle aurait pu devenir.*

Frères et sœurs

Les frères et sœurs peuvent craindre d'avoir eux aussi des problèmes de santé mentale, des problèmes liés à une substance ou ces deux types de problèmes. Il se peut qu'ils s'inquiètent du stress et de la pression que subissent leurs parents et qu'ils décident de compenser ce que leurs parents ont perdu chez l'autre enfant. C'est un lourd fardeau. Parallèlement, les enfants n'apprécient peut-être pas que leurs parents passent tant de temps avec leur frère ou leur sœur malade. Cela peut les mettre en colère au point où ils se conduisent mal ou prennent leur distance par rapport à leur famille et leurs amis.

> *Je me souviens qu'on me taquinait quand j'étais petite parce que j'étais si sérieuse, si sombre. Les gens me disaient que je me comportais comme une femme dans la cinquantaine, une femme beaucoup plus âgée que moi. Il m'était impossible de leur expliquer ma situation. J'allais à l'école après avoir passé une nuit blanche. La police était venue chez moi parce que ma sœur avait eu un épisode psychotique. Personne n'a pensé à faire à manger, car elle venait de faire une surdose. Mes parents l'ont accompagnée à l'urgence. Et moi, je devais aller à l'école comme d'habitude et satisfaire à toutes les attentes qu'on avait envers moi. Mais je ne disais rien à personne. Je faisais comme si de rien n'était. Je ne pouvais parler à personne, parce que personne n'aurait compris la situation . . .*

Les enfants peuvent eux aussi subir la colère, l'hostilité ou la violence verbale ou physique de leur frère ou sœur. Ces comportements peuvent susciter le choc, le désarroi, la peur et un sentiment d'abandon et de rejet. Parfois, les enfants ont l'impression d'avoir perdu leur meilleur ami. Ils peuvent se sentir coupables d'avoir une meilleure vie que leur frère ou sœur.

AIDER LES ENFANTS À S'ADAPTER

Les parents peuvent aider leurs autres enfants en :
- les rassurant et en leur disant que les comportements tels que l'agressivité sont des symptômes de la maladie et qu'ils ne doivent pas se sentir visés ;
- leur faisant part de leurs sentiments et en les encourageant à parler de ce qu'ils ressentent et des effets des problèmes de leur frère ou sœur sur eux ;
- leur expliquant que les comportements, les symptômes et le diagnostic de leur frère ou sœur créent souvent un malaise, de la gêne et de la honte parmi les membres de la famille ;
- parlant des préjugés, si cela est approprié, des raisons pour lesquelles les gens ont des préjugés et des moyens d'y faire face (on trouvera plus de renseignements sur les préjugés au chapitre 6) ;
- les aidant à se renseigner sur les problèmes de santé mentale et liés à l'utilisation d'une substance, et sur l'interaction entre ces problèmes ;
- passant du temps avec eux, en leur parlant et en se livrant à des activités agréables avec eux ;
- les aidant à nouer de nouveaux liens avec leur frère ou sœur et en créant des occasions uniques de passer du temps avec lui ou elle.

RESPONSABILITÉS SUPPLÉMENTAIRES

Subvenir aux besoins fondamentaux

Les membres de la famille peuvent avoir à assumer une plus grande responsabilité à l'égard de leur parent. Dans les cas graves, il se peut que cette personne ne puisse subvenir à ses besoins fondamentaux comme faire sa toilette, se nourrir ou même sortir du lit. Si l'aidant naturel est également la seule source de revenu de la famille et qu'il ne peut laisser le membre de la famille seul, cette situation peut avoir de graves conséquences financières pour la famille et causer un stress émotionnel encore plus grand à l'aidant.

> *En plus d'être aux prises avec la schizophrénie, notre fils prend de la drogue. Il fait partie d'un gang et a eu des démêlés avec la police. Souvent, nous ne savons pas s'il prend ses médicaments. Il se met en colère lorsque nous lui demandons de faire des choses élémentaires comme prendre une douche. C'est très stressant. Nous cherchons des moyens de régler ces problèmes. Parfois, tout cela est trop pour moi.*

Dans bien des cas, les personnes ayant des troubles concomitants ont de la difficulté à conserver un logement décent.

- Certaines personnes dépensent leur argent pour acheter une substance au lieu de payer leur loyer, de sorte qu'elles peuvent être expulsées de leur logement.
- D'autres se livrent à des activités criminelles comme le vol, la prostitution ou le trafic de drogues pour obtenir les sommes d'argent importantes dont elles ont besoin pour acheter une substance, ce qui peut les amener à perdre leur logement avec services de soutien. Elles peuvent alors se retrouver à la rue.
- Et d'autres accueillent chez elles des personnes faisant une utilisation problématique de substance. Dans ce cas, il se peut qu'elles soient incapables de conserver leur logement, qu'elles oublient de s'alimenter, de faire leur toilette ou de payer leurs factures de chauffage et d'électricité, et qu'elles risquent l'expulsion.

Ces conséquences créent encore plus de défis pour la famille.

Coordonner le traitement

Certains établissements de santé mentale refusent de traiter les personnes ayant des troubles concomitants ou traitent uniquement le problème de santé mentale. De même, certains établissements qui traitent les problèmes liés à l'abus d'une substance ne se préoccupent pas du problème de santé mentale. En plus de s'occuper de leur parent, il se peut que la famille doive coordonner les traitements dispensés par deux fournisseurs de services ou plus.

> *Lorsqu'un membre de la famille souffre à la fois d'une maladie mentale et d'un trouble lié à l'utilisation d'une substance, cela peut perturber considérablement la vie des autres membres de la famille et avoir une incidence énorme sur le fonctionnement général et le bien-être de la famille.*

> *Il faut pouvoir contacter quelqu'un lorsqu'un proche est hospitalisé en raison d'une maladie mentale ou d'un problème de drogue. Il faut pouvoir obtenir des renseignements. Ce n'est pas facile quand on ne connaît pas le système, quand on ne sait pas qui peut répondre aux questions. Il y a tant d'obstacles.*

On trouvera au chapitre 7 des suggestions pour ne pas se perdre dans les méandres du système de traitement des maladies mentales et des problèmes liés à l'utilisation d'une substance.

INCIDENCE SUR LES AIDANTS NATURELS

Il se peut que les membres de la famille hésitent à laisser leur parent seul de peur qu'il ne prenne de la drogue, n'oublie de prendre ses médicaments, ne se livre à des activités dangereuses ou criminelles pour obtenir de la drogue ou ne se blesse ou ne blesse quelqu'un d'autre pendant un épisode grave de sa maladie. Si les membres de la famille sont constamment à l'affût de symptômes en plus de composer avec les conséquences de la maladie, ils peuvent se sentir accablés.

> *On ne peut s'empêcher de vouloir protéger le membre de la famille qui est malade. C'est épuisant sur le plan émotionnel.*

Il peut être presque impossible pour certains membres de la famille de diminuer l'anxiété et le stress qu'ils ressentent à s'occuper de leur parent. Ils peuvent être incapables ou se sentir coupables de s'occuper d'eux-mêmes, de se détendre, de prendre soin de leur santé émotionnelle ou physique et de retrouver des moyens de composer avec la situation. Parfois, les membres de la famille se sentent même coupables d'éprouver du ressentiment ou de la colère. Ils doivent reconnaître qu'ils sont fatigués, épuisés, en colère ou amers si tel est le cas, sinon ils risquent d'être déprimés, de se sentir isolés et de perdre espoir.

Ils peuvent également avoir l'impression que des personnes qui étaient de très bons amis les ont abandonnés. Ils peuvent penser qu'ils n'ont pas de temps à consacrer à leurs amis ou ils peuvent éprouver de l'embarras ou de la honte à cause des troubles concomitants.

Songez à votre situation et aux changements qui sont survenus dans votre vie. N'oubliez pas que tous les membres de la famille font face à des circonstances difficiles et éprouvent des sentiments négatifs. Il arrive à bien des familles de se sentir coupables lorsqu'on leur demande de réfléchir aux effets des troubles concomitants sur leur vie. Toutefois, avant de pouvoir prendre soin de vous-même et de jouer un rôle positif dans le rétablissement de votre parent, vous devez penser en toute honnêteté à ce qui a changé dans votre vie.

Le fardeau des aidants et l'usure de compassion : Quelques précisions sur les expressions utilisées

L'expression **fardeau des aidants** est utilisée dans les ouvrages destinés aux professionnels pour décrire les effets émotionnels, sociaux et psychologiques que subit la famille lorsqu'elle prend soin d'une personne ayant un problème de santé mentale ou un problème lié à l'utilisation d'une substance. Un grand nombre d'aidants – bien qu'ils aiment que l'on reconnaisse à quel point il est difficile de prendre soin d'un membre de la famille ayant des troubles concomitants – n'aiment pas l'expression « fardeau des aidants ». Ils estiment que cette expression ne tient pas compte des aspects positifs du temps qu'ils consacrent à subvenir aux besoins d'une personne qui leur est chère ni du fait que, malgré le stress qu'ils subissent, ils aiment cette personne et feraient n'importe quoi pour l'aider et la protéger. De plus, cette expression déshumanise l'être cher et en fait un « fardeau » alors que l'aidant espère qu'il n'en sera pas toujours ainsi.

Le stress et le sentiment d'impuissance qui sont étroitement liés à la prestation de soins à un membre de la famille ayant des troubles concomitants pourraient être mieux décrits par l'expression **usure de compassion**. Nous utilisons cette expression dans le présent document pour décrire l'énorme épuisement physique, émotionnel, social et spirituel que peuvent ressentir les familles touchées par les troubles concomitants. Il s'agit d'une expression beaucoup plus positive décrivant ce qui se produit quand on fait constamment face à une adversité extrême.

Le site suivant suggère des stratégies pour composer avec l'usure de compassion (en anglais seulement) :

www.mytherapynet.com/Public/ShowText.asp?EUID=&articleid=134&articletype=25

Activité 4-1 : Registre des répercussions sur la personne

Ce registre vous aidera à réfléchir aux effets de la maladie mentale et des problèmes liés à l'utilisation d'une substance de l'être cher sur votre santé physique et émotionnelle, ainsi que sur votre vie sociale et spirituelle. Il vous aidera à décomposer les effets globaux sur votre vie en problèmes de moins grande envergure qui seront plus faciles à gérer.

Voici un exemple d'un registre des répercussions sur la personne.

REGISTRE DES RÉPERCUSSIONS SUR LA PERSONNE	
Santé physique	**Santé émotionnelle**
• j'ai à nouveau mal à la poitrine – je m'inquiète trop pour mon fils • je n'ai plus le temps de me rendre chez mon médecin • je ne fais plus d'exercice • je suis toujours fatiguée • si je ne prends pas de somnifère, je n'arrive pas à dormir (je n'avais aucun problème de sommeil auparavant) • mes articulations et mon cou me font mal • je mange des aliments riches en sucre ; je ne fais plus attention à ce que je mange	• je me fais constamment du souci au sujet de Kevin • maintenant, je m'inquiète de tout • je suis angoissée et triste • je suis toujours en colère, frustrée ou déprimée ces jours-ci • je suis brusque avec mes autres enfants, puis je me sens coupable • je suis en colère contre mon mari – il est au travail toute la journée et me laisse seule pour régler tous nos problèmes
Vie sociale	**Vie spirituelle**
• je ne sors plus avec mon mari ou mes amis • je ne reçois plus d'amis à dîner et nous ne jouons plus aux cartes le vendredi soir • je n'arrive pas à me concentrer quand je lis • nous passons tout notre temps à l'urgence ou à rendre visite à Kevin à l'unité de psychiatrie	• je ne sais plus ce qui se passe ! • je ne fréquente pas l'église • je n'ai pas le temps de faire mes lectures méditatives quotidiennes • je n'ai plus envie de faire du yoga • je suis amère et pleine de ressentiment à cause de la maladie de mon fils – pourquoi est-ce arrivé à notre famille ? • j'en veux à Dieu

Dans le registre ci-dessous, inscrivez les répercussions des troubles concomitants sur votre vie. Il se peut que certains aspects de votre vie n'aient pas été touchés.

Vous aurez besoin de ces renseignements pour élaborer un plan d'autogestion de la santé au chapitre suivant.

REGISTRE DES RÉPERCUSSIONS SUR LA PERSONNE	
Santé physique	Santé émotionnelle
Vie sociale	Vie spirituelle

Activité 4-2 : Préoccupations et incidence

Il peut être difficile de faire un premier pas en avant lorsqu'on ne connaît pas la cause de ses inquiétudes, de ses préoccupations et de la détresse qu'on ressent.

Vous trouverez ci-dessous la première version d'un outil que nous appelons l'**Échelle des préoccupations et de l'incidence (EPI)**. Cet outil, qui s'adresse aux familles aux prises avec des troubles concomitants, vous permettra de vous rendre compte à quel point votre vie est touchée lorsqu'un membre de votre famille est aux prises avec ces troubles et à quel point vous pensez à cette personne et vous vous inquiétez à son sujet. L'échelle n'a pas encore été mise à l'essai de façon officielle. Nous vous la présentons pour que vous puissiez déterminer les effets de vos préoccupations sur les divers aspects de votre vie et non pour que vous puissiez interpréter le résultat que vous obtiendrez en l'utilisant. En répondant aux énoncés, vous pourriez vous rendre compte que vous avez cessé de vous faire du mauvais sang et que vous avez adopté un style de vie plus calme, mieux équilibré et plus sain sur le plan émotionnel. Indiquez dans quelle mesure vous êtes d'accord ou non avec chaque énoncé. Encerclez le 1 si vous êtes tout à fait d'accord, le 2 si vous êtes d'accord, le 3 si vous êtes en désaccord et le 4 si vous êtes tout à fait en désaccord.

Dans quelle mesure êtes-vous d'accord ou en désaccord avec les énoncés suivants ?	Tout à fait d'accord	D'accord	En désaccord	Tout à fait en désaccord	Je ne sais pas
Je ne peux m'empêcher de me faire du souci au sujet de la maladie du membre de ma famille.	1	2	3	4	9
Je maintiens un style de vie sain et équilibré.	1	2	3	4	9
J'ai de la difficulté à ne pas penser à la maladie mentale et aux problèmes liés à l'utilisation d'une substance du membre de ma famille.	1	2	3	4	9
J'ai l'impression que je me préoccupe uniquement de la maladie mentale et des problèmes liés à l'utilisation d'une substance du membre de ma famille.	1	2	3	4	9
La maladie du membre de ma famille est au cœur de ma routine.	1	2	3	4	9
Je suis beaucoup plus angoissé(e) ces jours-ci.	1	2	3	4	9
Je prends le temps de faire des choses pour moi et de me distraire.	1	2	3	4	9
J'ai toujours l'impression que je n'en fais pas assez pour le membre de ma famille qui est malade.	1	2	3	4	9

Effets des troubles concomitants sur la vie familiale

Parfois, j'ai l'impression que la maladie du membre de ma famille m'étouffe.	1	2	3	4	9
Je me concentre tellement sur les problèmes du membre de ma famille qui est malade que j'ai de la difficulté à trouver le temps nécessaire pour m'occuper des autres membres de ma famille.	1	2	3	4	9
J'ai très peu de temps et d'énergie pour fréquenter mes amis.	1	2	3	4	9
Ma santé physique (p. ex., alimentation, sommeil et repos) s'est détériorée depuis que je compose avec les problèmes de santé mentale et liés à l'utilisation d'une substance du membre de ma famille.	1	2	3	4	9
J'ai de la difficulté à me sentir bien sur le plan émotionnel depuis que le membre de ma famille a des problèmes de santé mentale et liés à l'utilisation d'une substance.	1	2	3	4	9
Je suis capable de faire face aux problèmes de santé mentale et aux problèmes liés à l'utilisation d'une substance du membre de ma famille.	1	2	3	4	9
J'estime qu'il est normal pour les membres de la famille d'être en colère ou d'avoir du ressentiment à l'égard d'un être cher qui est malade.	1	2	3	4	9

Activité 4-3 : Questionnaire de l'index des préoccupations familiales envers les troubles concomitants

Les questions suivantes pourraient vous aider à cerner vos préoccupations. Après en avoir dressé la liste, vous pourrez songer à des moyens de les éliminer. Réfléchissez aux gestes simples que vous pouvez poser de façon graduelle.

Le questionnaire pourrait également vous aider à :
• repérer les préoccupations sur lesquelles vous avez très peu d'influence ;
• trouver des moyens d'apprendre à accepter ce que vous ne pouvez changer.

Pour chaque énoncé, encerclez le chiffre correspondant le mieux *à ce que vous ressentez en ce moment*. Après avoir répondu à toutes les questions, faites le total de vos réponses. Plus votre résultat est élevé, plus vous vous alarmez au sujet de votre situation et plus vous devez vous concentrer sur votre santé et votre bien-être sur le plan émotionnel, social et physique.

Dans quelle mesure vous inquiétez-vous...

	Pas inquiet ←———————————————————→ *Très inquiet*										
de l'état actuel de santé et de bien-être du membre de votre famille qui est malade ?	0	1	2	3	4	5	6	7	8	9	10
de l'état actuel de santé et de bien-être des autres membres de votre famille ?	0	1	2	3	4	5	6	7	8	9	10
de votre état actuel de santé et de bien-être ?	0	1	2	3	4	5	6	7	8	9	10
de l'état de santé et de bien-être à long terme du membre de votre famille qui est malade ?	0	1	2	3	4	5	6	7	8	9	10
de l'état de santé et de bien-être à long terme des autres membres de votre famille ?	0	1	2	3	4	5	6	7	8	9	10
de votre état de santé et de bien-être à long terme ?	0	1	2	3	4	5	6	7	8	9	10

Effets des troubles concomitants sur la vie familiale

	Pas inquiet									Très inquiet	
de la souffrance que ressent le membre de votre famille qui est malade ?	0	1	2	3	4	5	6	7	8	9	10
de la souffrance que ressentent les autres membres de votre famille ?	0	1	2	3	4	5	6	7	8	9	10
de la souffrance que vous ressentez ?	0	1	2	3	4	5	6	7	8	9	10
de la capacité du membre de votre famille qui est malade de faire face à cette situation ?	0	1	2	3	4	5	6	7	8	9	10
de la capacité des autres membres de votre famille de faire face à cette situation ?	0	1	2	3	4	5	6	7	8	9	10
de votre propre capacité de faire face à cette situation ?	0	1	2	3	4	5	6	7	8	9	10
de la santé émotionnelle du membre de votre famille qui est malade ?	0	1	2	3	4	5	6	7	8	9	10
de la santé émotionnelle des autres membres de votre famille ?	0	1	2	3	4	5	6	7	8	9	10
de votre propre santé émotionnelle ?	0	1	2	3	4	5	6	7	8	9	10
du caractère adéquat du soutien social que reçoit le membre de votre famille qui est malade ?	0	1	2	3	4	5	6	7	8	9	10
du caractère adéquat du soutien social que reçoivent les autres membres de votre famille ?	0	1	2	3	4	5	6	7	8	9	10
du caractère adéquat du soutien social que vous recevez ?	0	1	2	3	4	5	6	7	8	9	10

	Pas inquiet									Très inquiet	
de la santé physique du membre de votre famille qui est malade ?	0	1	2	3	4	5	6	7	8	9	10
de la santé physique des autres membres de votre famille ?	0	1	2	3	4	5	6	7	8	9	10
de votre propre santé physique ?	0	1	2	3	4	5	6	7	8	9	10
du bien-être spirituel du membre de votre famille qui est malade ?	0	1	2	3	4	5	6	7	8	9	10
du bien-être spirituel des autres membres de votre famille ?	0	1	2	3	4	5	6	7	8	9	10
de votre propre bien-être spirituel ?	0	1	2	3	4	5	6	7	8	9	10
de la situation financière du membre de votre famille qui est malade ?	0	1	2	3	4	5	6	7	8	9	10
de la situation financière des autres membres de votre famille ?	0	1	2	3	4	5	6	7	8	9	10
de votre propre situation financière ?	0	1	2	3	4	5	6	7	8	9	10
du cheminement vers le établissement du membre de votre famille qui est malade ?	0	1	2	3	4	5	6	7	8	9	10
du cheminement vers le rétablissement des autres membres de votre famille ?	0	1	2	3	4	5	6	7	8	9	10
de votre propre cheminement vers le rétablissement ?	0	1	2	3	4	5	6	7	8	9	10

RÉFÉRENCES

KASHNER, T.M. et coll. « Family characteristics, substance abuse and hospitalization », *Hospital and Community* (février 1991), p. 195-197.

Autogestion de la santé

5

Aperçu

- Résilience
- Stratégies d'autogestion de la santé à court terme
- Objectifs d'autogestion de la santé à long terme
- Élaboration d'un plan d'autogestion de la santé

Au chapitre 4, nous avons discuté des défis énormes qu'il faut relever quant un être cher a à la fois des problèmes de santé mentale et des problèmes liés à l'utilisation d'une substance. Vous-même et votre famille ne devriez jamais sous-estimer les avantages qu'il y a à prendre soin de soi. En prenant soin de vous-même, vous aurez plus d'énergie sur le plan physique et émotionnel pour relever les défis, ce qui sera bénéfique pour le membre de votre famille qui est malade. Il incombe à chaque membre de la famille de trouver les moyens de prendre soin de soi. Pour être capable de vous calmer et de vous détendre, vous devez :

- savoir quels types de pensées et de comportements ont des effets positifs ou négatifs sur vous ;
- élaborer un plan d'autogestion de la santé qui empêchera les sentiments négatifs ou qui vous aidera à les surmonter.

Ce plan établit une routine structurée que vous suivrez tous les jours. Par exemple, ce peut être de vous livrer à une activité donnée, de passer du temps avec un ami ou de maîtriser vos pensées, bref, tout geste qui vous réconforte et vous procure un sentiment de bien-être et de stabilité. Nous élaborerons un plan d'autogestion de la santé dans le présent chapitre.

RÉSILIENCE

> *Le chêne le plus solide de la forêt n'est pas celui qui est à l'abri de la tempête et du soleil, mais celui qui se trouve dans la clairière, où il doit se battre contre le vent, la pluie et un soleil de plomb pour survivre.*

> —*Napoleon Hill (1883–1970)*

Qu'est-ce que la résilience ?

En général, on entend par résilience la capacité de s'épanouir et de réaliser son potentiel en dépit de circonstances éprouvantes (ou peut-être à cause de celles-ci). Nous sommes tous résilients, à des degrés divers, mais certaines personnes semblent l'être plus que d'autres. Elles ont tendance à voir les défis comme des occasions d'apprentissage pouvant conduire à une croissance et à un développement émotionnels sains.

Parmi les caractéristiques communes aux personnes résilientes, citons les suivantes :
- un sentiment d'intimité et de connectivité avec les autres ;
- un soutien indéfectible et fiable que leur accorde au moins un être cher ;
- l'importance qu'elles attachent à leur santé et à leur bien-être ;
- une bonne opinion d'elles-mêmes ;
- une identité personnelle clairement définie ;
- une perception réaliste et équilibrée de leurs forces et de leurs limites ;
- la capacité de s'affirmer et de faire preuve d'une force émotionnelle lorsque cela est nécessaire, mais aussi d'être sensibles et de faire preuve de compassion ;
- une approche joyeuse et enjouée face à la vie ;

- l'impression qu'elles savent où elles vont dans la vie et que leur vie a un sens ;
- la capacité de tirer des leçons des épreuves difficiles qu'elles subissent ;
- la capacité de se relever après avoir vécu une situation traumatisante et bouleversante ;
- la capacité de s'adapter afin de composer avec l'incertitude et les situations imprévues;
- la capacité de se moquer d'elles-mêmes ; les personnes résilientes ne sont pas obsédées par les détails.

> *Un sens de l'humour aide à fermer les yeux sur ce qui est déplaisant, à tolérer ce qui est désagréable, à s'adapter aux imprévus et à sourire à ce qui est insupportable.*
>
> —*Moshe Waldoks*

Accroître la résilience

Posez-vous les questions suivantes :
- Quel est mon degré de résilience ?
- En quoi précisément suis-je très résilient ?
- En quoi suis-je moins résilient et que puis-je faire pour remédier à cela ?

Activité 5-1 : Assessing resilience

Developed by Patricia Morgan

To help you answer these questions, try filling out a resiliency questionnaire or quiz. There are many tools designed to help you assess your personal level of resilience. We have included one of these quizzes in this chapter.

Resilience is the ability to recover or bounce back from and effectively adapt to life changes and challenges. Anyone can strengthen their resiliency. Celebrate the resilient aspects you have in place and take action to improve the rest.

Rate yourself in the following areas:

Never (0)   Seldom (1)   Sometimes (2)   Frequently (3)   Always (4)

Attend to Your Body

   1. I recognize when my body is feeling distress   _____

   2. I deliberately relax my body when I realize it is strained   _____

---

3. I eat a wholesome diet   _____

4. I get adequate rest   _____

5. I routinely exercise   _____

Attend to Your Inner Self

6. I take charge of my thoughts in stressful situations   _____

7. I recognize when I talk to myself in a criticizing or shaming manner   _____

8. I minimize my critical self talk and increase my supportive self talk   _____

9. I know what my main strengths or gifts are (example: assertive, disciplined, honest, organized)   _____

10. I use and volunteer my strengths or gifts   _____

Attend to Your Communication

11. I change negative comments into positive phrasing   _____

12. I listen to others and communicate clearly my position   _____

13. I work towards finding a mutual agreement in conflicts   _____

14. I minimize my criticism of others while offering helpful feedback   _____

15. I assert myself by saying "yes," "no" or "I will think it over"   _____

Attend to Your Social Support

16. I feel close and connected to significant others   _____

17. I give and receive help, support and listening time at home and at work   _____

18. I express appreciation to others at home and work _____

19. I encourage and act as a team cheer leader at home and work _____

20. I say, "I am sorry" and make amends when I make mistakes _____

Attend to Giving Your Life Meaning

21. I learn and give meaning to mistakes, hurts and disappointments _____

22. I view work, relationships and life with realistic optimism _____

23. I set and meet realistic goals and expectations _____

24. I laugh at myself while taking my responsibilities seriously _____

25. I find health, optimism, pleasure, gratitude and meaning in my life _____

INTERPRETING YOUR SCORE

Bounce Back Champ (Score from 75 to 100) Congratulations! You have developed a strong resilience factor. You know that it takes daily effort to bounce back from big and little strains. You support yourself with affirming self talk, a healthy lifestyle and a supportive network. You have a sense of humor and an optimistic attitude. Accepting responsibility for your pain, laughter and purpose has strengthened who you are.

Bouncy Challenger (Score from 35 to 74) You have strength in some factors of resilience while other areas need attention. Celebrate what is working and take an inventory of the weaker aspects. Note the answers you scored 0 or 1. Then develop a plan that will address your resiliency needs. Consider reading articles, books, taking a course and finding reasons to smile more often.

Bouncing Low (Score from 0 to 34) Please get yourself some help before you become seriously ill, if you are not already. You are at risk for challenges ranging from depression to migraines to irritable bowel syndrome to heart disease. Make a drastic life change, seek help and put a plan in place. By working on your physical, mental and emotional well-being and resilience you will relieve your loved ones of much worry and create the life you deserve. Please see a doctor, confide in a friend or call your local distress centre if you believe you cannot cope. This will be your first step toward rebuilding your resilience.

Note: Although this tool is based on resilience research, neither it nor the scores have been formally validated. It is intended to provide basic information so you might strengthen your resilience.

Copyright © Patricia Morgan, 2007. Used by permission.

For more information see Patricia Morgan's website:
www.lightheartedconcepts.com

Other resiliency assessment tools you may find interesting and helpful include:
• "How Resilient Are You?" by A. Siebert
  (www.resiliencycenter.com)
• "The Resiliency Quiz" by N. Henderson
  (www.resiliency.com/htm/resiliencyquiz.htm)

STRATÉGIES D'AUTOGESTION DE LA SANTÉ À COURT TERME

Pour préparer un plan d'autogestion de la santé, il faut réfléchir aux gestes que vous pouvez poser pour prendre soin de vous-même lorsque vous êtes stressé ou épuisé. Les objectifs à court terme mettent l'accent sur les mesures rapides et relativement faciles que vous pouvez prendre pour vous calmer et refaire le plein d'énergie. C'est ce que nous appelons les mesures à effet rapide.

Mettre un frein

Des familles ont indiqué que les stratégies à court terme suivantes atténuaient leur anxiété pendant quelque temps, ce qui leur redonnait de l'énergie pour faire face à leur situation :

- prendre son café le matin ;
- parler à quelqu'un en qui on a confiance ;
- caresser son chien ou son chat ;
- respirer profondément ;
- faire une pause ;
- prendre une longue douche chaude ;
- s'enduire de sa lotion favorite ;
- regarder son émission de télévision préférée ;
- s'asseoir dans le jardin après le repas ;
- faire une longue promenade à pied ;
- prendre davantage conscience de la nature ;
- aller au cinéma ;
- s'acheter quelque chose qui fait plaisir ;
- laisser le sentiment de frustration vous envahir pour mieux le surmonter ;
- prévoir des moments de détente dans votre journée ;
- penser à des choses agréables, qui rendent heureux ou qui réconfortent et en prendre note afin de se rappeler que ce sont des mesures à effet rapide.

Ces stratégies à court terme ne seront pas les mêmes pour tous les membres de la famille. Dressez une liste des mesures à effet rapide qui pourraient vous être les plus utiles et, lorsque quelque chose vous est agréable ou vous redonne de l'énergie, par exemple se rendre à un marché aux fleurs, ajoutez-le à votre liste.

Force et pardon

Une autre stratégie d'autogestion de la santé consiste à reconnaître et à apprécier vos forces personnelles. Vous devrez peut-être vous y exercer pendant longtemps avant d'y parvenir. Certaines personnes sont très dures envers elles-mêmes et se préoccupent davantage de ce qu'elles perçoivent comme des erreurs plutôt que de se féliciter d'avoir bien agi, surtout dans le cas d'un membre de la famille qui est malade. En fait, il peut être beaucoup plus difficile d'être témoin de la maladie d'un être cher que de souffrir soi-même de cette maladie.

Il est essentiel de préserver votre identité personnelle et de veiller à ce que votre relation avec le membre de votre famille qui est malade ne nuise pas à cette identité. Pour reconnaître vos forces et laisser libre cours à votre humanité, vous devrez peut-être apprendre à voir votre situation sous un nouveau jour. Par exemple, il est particulièrement important de reconnaître vos qualités – par exemple l'intelligence, un bon sens de l'humour, la persévérance, la motivation et les capacités physiques – lorsque vous êtes stressé. Vous pouvez vous y exercer chaque fois que la culpabilité ou le désespoir vous assaille.

Dialogue interne positif

Une des façons d'envisager votre situation sous un nouveau jour consiste à utiliser le dialogue interne. Par exemple, dites-vous « Je fais de mon mieux. Je ne suis qu'un être humain. J'aime mon enfant ». Il est très important d'accepter tous vos sentiments lorsque vous faites face à une situation difficile.

Activité 5-2 : Mesures à effet rapide

Forces

Reconnaître vos forces est une mesure à effet rapide. Réfléchissez à vos cinq plus grandes forces (p. ex., les gestes attentionnés que vous posez pour vous et pour d'autres personnes, votre sens de l'humour, vos talents sportifs).

Inscrivez-les ci-dessous.

1. _____

2. _____

3. _____

4. _____

5. _____

Modèles de comportement positif

La détermination des modèles de comportement positif est une autre mesure à effet rapide. Il peut s'agir de personnes qui ont surmonté des obstacles de taille et que vous admirez parce qu'elles peuvent prendre soin d'elles-mêmes quand les choses vont bien et lors d'une crise. Songez aux raisons précises pour lesquelles ces personnes sont des modèles de comportement positif pour vous et déterminez les caractéristiques que vous admirez chez elles.

Mes modèles de comportement positif sont :

_____

_____

_____

_____

Activité 5-3 : Arrêter/commencer/continuer

Réfléchissez aux comportements, aux sentiments et aux pensées que vous aimeriez :
- éliminer (arrêter) ;
- adopter (commencer) ;
- maintenir (continuer).

Par exemple :
J'aimerais **arrêter** de me sentir coupable parce que je ne peux pas en faire plus pour le membre de ma famille qui est malade.

J'aimerais **commencer** à prendre une pause en après-midi pour magasiner, faire du yoga ou visiter des amis.

J'aimerais **continuer** à assister aux séances d'un groupe d'entraide pour les familles comme celui offert par la Mood Disorders Association of Ontario lorsque les séances de ce groupe prendront fin.

Indiquez que ce vous aimeriez faire.

Arrêter :_____

Commencer : _____

Continuer : _____

STRATÉGIES D'AUTOGESTION DE LA SANTÉ À LONG TERME

Reconnaître et relever les défis

Il faut relever plusieurs défis lorsqu'un membre de sa famille est aux prises avec des troubles concomitants. Essayez de dresser une liste de ces défis et de les classer par ordre de priorité. Vous déciderez peut-être que certains ne peuvent être relevés rapidement ou facilement. Dans d'autres cas, vous pouvez agir sur-le-champ et peut-être même régler les problèmes qui y sont associés. Ce peut être difficile pour vous et les membres de la famille lorsque votre parent :

• refuse de prendre des médicaments psychiatriques ;
• fait une grave dépression et a des idées suicidaires ;
• manque de motivation et ne sort pas de son lit ;
• croit qu'il n'est pas nécessaire de consulter des spécialistes et d'assister à des séances de groupe pour régler ses problèmes ;
• consomme de l'alcool ou d'autres drogues chez vous ;
• ne reconnaît pas que sa consommation d'alcool ou d'autres drogues est problématique et, en fait, vous dit que ces substances atténuent les symptômes du problème de santé mentale ;
• ne donne pas suite à vos suggestions ou à votre offre de lui venir en aide ;
• se met en colère, use de violence verbale ou se montre agressif envers vous et d'autres membres de la famille.

Ce peut aussi être difficile lorsque :
• vous-même ou un autre membre de votre famille tombez malade et êtes incapable de prendre soin de votre parent ;
• vous vous sentez submergé, angoissé ou déprimé, ce qui commence à nuire à votre capacité de prendre soin de votre parent ;
• vous avez peur de laisser votre parent seul à la maison mais vous devez aller travailler ;
• un autre membre de votre famille est aux prises avec un problème de santé mentale ou un problème lié à l'utilisation d'une substance ou avec ces deux types de problèmes.

Une liste de vos options et des solutions possibles pourrait vous aider à élaborer un plan d'action. Il se peut que, pour relever certains défis, vous ayez besoin de l'aide d'autres personnes, comme d'autres membres de votre famille, des amis ou des professionnels de la santé. En outre, vous déciderez peut-être de consulter un professionnel de la santé, qui vous aidera à subvenir à vos propres besoins et à atténuer vos préoccupations. Vous pouvez également vous joindre à un autre groupe de soutien des familles lorsque celui dont vous faites partie actuellement prendra fin ou même parallèlement à celui-ci. Vous pouvez dresser une liste de parents et d'amis avec lesquels vous entretenez des relations étroites et qui pourraient vous venir en aide en cas de crise. Vous pourriez même déléguer certaines responsabilités afin d'alléger votre charge (p. ex., demandez qu'on vous aide à faire du covoiturage, demandez à un autre membre de votre famille de faire les emplettes, simplifiez les activités d'entretien de la maison, faites découvrir à tous les merveilles du micro-ondes !).

Il faut parfois changer la façon dont on envisage le problème. Vous devrez peut-être adopter une nouvelle approche. Par exemple, vous pourriez décider d'imposer des limites claires à votre parent afin de ne pas vous sentir impuissant ou manipulé et de ne pas vous mettre en colère. Cela pourrait également être bénéfique pour votre parent, car il saura exactement quelles sont vos attentes concernant ses comportements (voir le chapitre 10 : Établir des limites, p. 179). Vous devrez alors déterminer comment vous réagirez à la suite de ces comportements et vous assurer que vos réactions sont cohérentes. Le contrôle de la situation est un aspect important d'une stratégie d'autogestion de la santé à long terme.

Comprendre les pensées problématiques

Pour bien des gens, il est difficile de composer avec leurs émotions dans le meilleur des cas. Il se peut que, sous l'effet d'un stress considérable et incessant, vous ayez encore plus de difficulté à composer avec la colère, le chagrin, la solitude, la tristesse, la honte et la culpabilité.

N'oubliez pas que les sentiments sont étroitement liés aux pensées, aux croyances et aux comportements. Par exemple, si l'aidant naturel croit qu'il a causé les problèmes cooccurrents de santé mentale et liés à l'utilisation d'une substance de son parent, il risque plus de se sentir responsable des rechutes de cette personne. Cette perception peut alors susciter de la tristesse, de la culpabilité et des remords. Si l'aidant ne peut composer avec ces émotions de façon constructive, il pourrait s'abstenir de demander de l'aide pour son parent ou pour lui-même, ce qui pourrait avoir des conséquences graves pour le parent et pour la santé et le bien-être de l'aidant. Les mesures d'autogestion de la santé, comme prendre un café le matin pour se détendre, ne serviront à rien si les pensées problématiques dominent votre esprit.

Dans l'ouvrage intitulé *Feeling Good*, David Burns dit que les pensées et les croyances erronées peuvent susciter des émotions négatives. Dans bien des cas, lorsqu'ils sont au courant de ces types de pensées négatives, les aidants naturels peuvent plus facilement les reconnaître en eux. Ils sont alors mieux placés pour élaborer des stratégies qui leur permettront de transformer leurs pensées et leurs croyances problématiques.

GÉNÉRALISATION EXCESSIVE

On entend par là une altération de la pensée qui pousse les gens à conclure que la situation est pire qu'elle ne l'est vraiment. Cela se produit lorsqu'une personne exagère l'importance d'un événement ou d'une situation et, par conséquent, en fait une évaluation imprécise. Par exemple, une mère peut se dire « Comme je n'ai pas réussi à convaincre ma fille qu'elle doit prendre ses médicaments, la police a dû l'amener à l'urgence. Comme je n'ai pas réussi à lui venir en aide, cela doit vouloir dire que je suis nulle ». Le filtre mental est un type de généralisation excessive où une personne ne voit que les aspects négatifs d'une expérience et minimise les aspects positifs ou en fait abstraction.

AMPLIFICATION

L'amplification, également appelée catastrophisation, se produit lorsqu'on dramatise un événement négatif. Par exemple, le père d'un adolescent ayant à la fois une dépression et un problème lié à l'abus d'alcool se dit « Nos voisins nous ont regardés, ma femme et moi, d'un drôle d'air ce matin et ne nous ont même pas dit bonjour. Cela doit vouloir dire qu'ils considèrent que c'est notre faute si notre fils est malade et ils ne veulent plus nous parler parce qu'ils pensent que nous sommes de mauvais parents ». Cette brève rencontre est interprétée comme étant une catastrophe.

MINIMISATION

La minimisation se produit lorsqu'on minimise la signification et l'importance d'un événement positif. « C'est super pour moi d'avoir obtenu cet emploi. Près de 25 personnes avaient postulé. C'est l'emploi le plus payant que j'ai jamais eu et mon nouveau patron dit qu'il a hâte de connaître mes autres idées. Je pourrai en parler lors des réunions des cadres . . . mais je ne peux m'empêcher de penser que je vais devoir payer plus d'impôt puisque mon salaire sera plus élevé et que je vais devoir assister à davantage de réunions. De toute façon, j'ai l'impression que je n'occuperai pas ce poste bien longtemps. Quand mon patron constatera que je n'ai pas les qualifications nécessaires, il me congédiera et je ne pourrai plus payer mes comptes. En fait, j'ai décroché cet emploi uniquement parce que mon cousin a travaillé pour l'entreprise pendant des années et qu'il a vanté mes mérites au patron. »

REJETER LES ÉLÉMENTS POSITIFS

On entend par là le fait de *prêter attention* aux éléments positifs puis de trouver une raison de les rejeter. « C'est super d'avoir une amie comme Barbara qui veut toujours me parler, mais elle me téléphone uniquement parce que sa meilleure amie a trouvé un nouvel emploi et est trop occupée pendant la journée. En fait, elle ne m'aime pas vraiment. »

LE TOUT OU RIEN

Le style de pensée tout ou rien, ou noir ou blanc, consiste à percevoir une expérience de façon extrême. En voici un exemple : une personne n'obtient pas un emploi qu'elle désirait vraiment. Au lieu de se dire « Jusqu'à maintenant, j'ai décroché la plupart des emplois auxquels j'ai postulé. Je vais continuer à chercher et je vais sûrement trouver un très bon emploi » elle se dit « Je n'ai pas obtenu le meilleur emploi auquel j'ai jamais postulé. Une telle occasion ne se représentera jamais. Je suis nulle ».

TIRER DES CONCLUSIONS HÂTIVES

Cela se produit lorsque les gens tirent à la hâte des conclusions (généralement négatives) qui ne sont pas justifiées compte tenu des faits dont ils disposent en ce qui concerne la situation. « Ça semble être une bonne journée pour me détendre et regarder la télévision, mais je sais que dès que je vais m'asseoir, une autre crise familiale va se déclencher. »

LIRE DANS LES PENSÉES

Cela se produit lorsqu'une personne présume, sans la moindre preuve, qu'on la perçoit de façon négative. Elle agit alors en fonction de cette conclusion, qui est souvent erronée. « Pourquoi devrais-je me donner la peine de parler à mes collègues de travail au bout du couloir ? Ils me détestent tous et pensent qu'on devrait me remplacer par une personne qui, elle, sait ce qu'elle fait. »

JE DEVRAIS, JE DOIS ET J'AURAIS DÛ

Ces pensées et croyances sont fréquentes chez les personnes qui s'imposent des exigences irréalistes et souvent impossibles à respecter. Lorsqu'elles ne parviennent pas à respecter ces exigences, elles se punissent parce qu'elles considèrent avoir échoué ou perdent leur estime de soi et sombrent dans la dépression. « Je devrais être un meilleur père » ; « J'aurais dû essayer davantage d'empêcher mon mari de boire » ; « Je devrais être plus belle. Je n'avancerai jamais dans la vie en étant si laide ! »

Certaines personnes qui tendent à être perfectionnistes peuvent avoir des attentes irréalistes vis-à-vis d'autres personnes. « Ma mère a encore beaucoup à apprendre sur la façon de s'occuper de mon frère. Elle devrait le chasser de la maison s'il refuse de prendre ses médicaments et de se reprendre en main. Je ne comprends pas pourquoi elle n'*exige* pas qu'il aille dans un centre de traitement. Elle le laisse passer son temps à se demander s'il est prêt ou non à demander de l'aide. Si c'était mon fils et pas mon frère, je l'aurais remis sur le droit chemin en un rien de temps. Personne dans la famille ne fait les choses comme il faut. »

PERSONNALISER ET BLÂMER

Cela se produit lorsqu'une personne assume la responsabilité d'une situation alors que celle-ci était essentiellement hors de son contrôle. « Je n'accordais pas assez d'attention à mon fils. Si je n'avais pas passé tant de temps à travailler et à faire d'autres choses, j'aurais su qu'il voulait se faire du mal et j'aurais pu l'en empêcher. Parce que j'ai été négligent, il est de retour à l'hôpital. »

De même, une personne peut, injustement, tenir une autre personne responsable. « On aurait pu croire que mes enfants, qui sont adultes, auraient remarqué à quel point je suis stressée puisque je dois m'occuper de leur père, travailler et m'occuper de la maison. Parfois, ils peuvent être tellement égoïstes et ne penser qu'à eux-mêmes… S'ils m'avaient aidée davantage, j'aurais pu accorder plus d'attention à mon mari et il ne prendrait plus de drogue. En fait, c'est leur faute si la situation n'a pas pu être maîtrisée.

Composer avec des émotions pénibles

Parmi les stratégies pouvant vous aider à composer avec des émotions pénibles, citons les suivantes :
- Vous répéter continuellement des affirmations positives comme « Je fais de mon mieux. Je suis une bonne personne, une personne convenable ».
- Être conscient de vous-même et de toute pensée problématique que vous pourriez avoir au sujet de divers événements, situations et personnes pouvant susciter des sentiments négatifs.
- Être conscient de la façon dont vous composez avec le stress et des situations stressantes qui vous rendent le plus vulnérable.
- Trouver des moyens de composer avec le membre de votre famille aux prises avec des troubles concomitants (p. ex., apprendre à vous y retrouver dans les méandres du système de traitement et à obtenir de l'aide (voir le chapitre 7, p. 117).
- Fixer des limites clairement définies (voir le chapitre 10, p. 179).
- Parler ouvertement et honnêtement de vos sentiments et en discuter avec une personne en qui vous avez confiance, avec un collègue ou au sein d'un groupe de soutien dirigé par un professionnel.
- Discuter avec d'autres familles des moyens efficaces de composer avec le stress et les émotions pénibles.
- Élaborer et suivre votre plan personnalisé d'autogestion de la santé.

En suivant les stratégies décrites précédemment, vous constaterez que les pensées qui causent de la douleur sont moins fréquentes et moins intenses. De plus, ces stratégies peuvent contribuer à prévenir ou à atténuer les humeurs négatives.

Pour qu'un grand nombre de ces stratégies fonctionnent, il est préférable que vous soyez calme et que vous pensiez de façon logique et rationnelle. **Lors d'une situation stressante, si vous constatez que vous éprouvez *déjà* des sentiments très négatifs, il serait préférable que vous essayiez d'abord de vous calmer avant de vous attaquer à vos pensées et à vos croyances problématiques.**

Élargir son réseau de soutien social

Dans bien des cas, les membres de la famille abandonnent leurs activités. De plus, ils peuvent s'isoler de leurs amis et de leurs collègues lorsqu'ils s'occupent d'un parent aux prises avec des troubles concomitants. Or, le soutien social est essentiel pour être en bonne santé sur le plan émotionnel et même physique.

AMIS ET COLLÈGUES

Certaines personnes jugent qu'il est utile d'avoir un vaste réseau social à leur disposition. D'autres préfèrent avoir quelques amis qui comprennent leur situation et les soutiennent. En participant aux activités d'un groupe dont vous êtes membre, par exemple les activités organisées par un club de marche, une équipe sportive, un groupe de lecture ou un groupe confessionnel, vous maintiendrez votre réseau social. Les amis et les collègues de longue date que vous avez perdus de vue seront peut-être heureux d'avoir de vos nouvelles. Dans bien des cas, en parlant ouvertement de votre situation, vous obtiendrez du soutien d'une source imprévue.

ORGANISMES D'ENTRAIDE

Un grand nombre de familles se joignent à des groupes d'entraide comme ceux de la Société de schizophrénie de l'Ontario (SSO), de la Mood Disorders Association of Ontario (MDAO) ou de la Family Association for Mental Health Everywhere (FAME). Ces groupes fournissent du soutien, de l'information et des services d'intervention aux familles dont un membre a une maladie mentale. Toutefois, un grand nombre de participants ont un parent ayant à la fois un problème de santé mentale *et* un problème lié à l'utilisation d'une substance.

Certains de ces groupes offrent des programmes éducatifs ou des conférences données par des représentants du système de santé mentale. D'autres sont plus informels et offrent des séances de discussion en petits groupes et du soutien accordé par des familles aux prises avec des problèmes semblables. Certaines familles se joignent également à des groupes d'entraide s'adressant aux familles dont un membre a des problèmes lié à l'alcool et à d'autres drogues. Ces groupes comprennent Al-Anon (pour les familles dont un membre a des problèmes liés à l'alcool), Alateen (pour les jeunes adultes dont le frère ou la sœur a des problèmes liés à l'utilisation d'une substance) et Nar-Anon (pour les familles dont un membre a des problèmes liés à l'utilisation d'une substance). (Voir la section intitulée Quelques conseils pour évaluer les groupes d'entraide, p. 144.)

Se renseigner

L'information, c'est le pouvoir. Un grand nombre de familles cherchent des renseignements sur les problèmes concomitants de santé mentale et liés à l'utilisation d'une substance auprès de sources officielles et non officielles. Elles veulent en apprendre le plus possible sur les problèmes précis de santé mentale et liés à l'utilisation d'une substance avec lesquels est aux prises leur parent, y compris les causes, les signes, les symptômes et les traitements possibles.

Croire en soi et faire valoir ses droits

Vous avez le droit de poser des questions, d'être écouté par les professionnels de la santé et d'être traité avec respect par ces derniers. Certaines personnes ayant des troubles concomitants veulent que leur famille joue un rôle actif dans leur traitement, même si elles sont hospitalisées. D'autres préfèrent ne pas demander l'aide de leur famille et veulent que les renseignements concernant leurs problèmes demeurent confidentiels. Que vous jouiez ou non un rôle actif dans la prestation de soins à votre parent, vous avez droit :
• à du soutien de la part des professionnels de la santé ;
• à des renseignements sur les problèmes de santé mentale et liés à l'utilisation d'une substance ;
• à des renseignements sur les plus récents travaux de recherche et les traitements les plus efficaces ;
• au respect et à la reconnaissance de vos efforts.

(Voir la section intitulée Participation de la famille au chapitre 7, p. 126, et celle intitulée Le rôle de la famille au chapitre 11, p. 204.)

ÉLABORATION D'UN PLAN D'AUTOGESTION DE LA SANTÉ

En élaborant un plan d'autogestion de la santé, vous pourrez réfléchir aux mesures que vous pouvez prendre graduellement afin de devenir plus résilient et moins vulnérable à l'usure de compassion.

Songez aux éléments que votre plan pourrait comporter. Il doit subvenir à tous vos besoins :
• sur le plan biologique (prendre soin de votre santé physique) ;
• sur le plan psychologique (prendre soin de votre santé émotionnelle) ;
• sur le plan social (assurer votre bien-être social et maintenir votre réseau social) ;
• sur le plan spirituel (faire appel aux ressources spirituelles pouvant vous réconforter et vous guider) ;
• sur le plan financier.

Ce plan est connu sous le nom de plan biopsychosocial-spirituel d'autogestion de la santé. N'oubliez pas d'être très précis lorsque vous élaborez votre plan. Par exemple, vous pouvez inclure l'un ou l'autre des éléments suivants dans votre plan :
• Je ferai de l'exercice au centre de conditionnement physique trois fois par semaine, à raison de 30 minutes par séance.
• Je parcourrai une distance raisonnable à pied au lieu de prendre ma voiture.
• Toutes les semaines, j'irai à la séance de Pilates avec ma copine Sheila.
• Je mangerai trois fruits par jour et prendrai une multivitamine B6.
• Je préparerai trois repas végétariens par semaine.

Activité 5-4 : Plan d'autogestion de la santé

Songez à la façon dont vous pouvez répondre à vos besoins. Vous trouverez ci-dessous un exemple de plan d'autogestion de la santé.

PLAN BIOPSYCHOSOCIAL-SPIRITUEL D'AUTOGESTION DE LA SANTÉ	
Santé physique	**Santé émotionnelle**
• recommencer à marcher tous les jours • recommencer à faire de l'exercice (30 minutes à faible intensité pour commencer puis, lorsque je serai prête, 45 minutes à haute intensité et séances de musculation) • garer ma voiture plus loin des entrées et parcourir la distance qui reste à pied • prendre les escaliers plutôt que les ascenseurs • acheter des aliments sains que j'aime et recommencer à manger sainement	• assister aux séances de groupes de soutien pour les familles avec mon mari afin de mieux composer avec la maladie de Kevin • recommencer à jardiner • établir des limites pour Kevin (p. ex, m'exercer à dire non, lui permettre de faire des erreurs) • parler à mon mari de ce qui me stresse au lieu de prendre un verre après le travail • continuer à assister aux séances organisées par Alanon et la MDAO pour les familles • tous les jours, prévoir du temps pour lire, jardiner ou écrire dans mon journal intime
Vie sociale	**Vie spirituelle**
• aller manger au restaurant avec mon mari au moins une fois par semaine • recommencer à jouer aux cartes le vendredi soir avec nos bons amis, Marthe et Henri • aller au restaurant ou faire du magasinage avec ma meilleure amie, Suzanne, au moins une fois par semaine • recommencer les sorties familiales le dimanche	• suivre un cours de méditation • apprécier davantage la nature (p. ex., les oiseaux et les fleurs le jour, les étoiles et la solitude la nuit) • recommencer à lire des livres sur le bouddhisme et la sérénité • faire du yoga tous les matins lorsque c'est calme dans la maison • recommencer mes lectures méditatives quotidiennes

Écrivez ci-dessous les mesures que vous prendrez pour répondre à vos besoins.

PLAN BIOPSYCHOSOCIAL-SPIRITUEL D'AUTOGESTION DE LA SANTÉ	
Santé physique	Santé émotionnelle
Vie sociale	Vie spirituelle

Si un aspect de votre plan d'autogestion de la santé est peu ou pas développé, demandez-vous s'il s'agit d'un aspect de votre vie auquel vous devriez attacher plus d'importance. Par exemple, si vous étiez une personne énergique et active et que, dans votre registre des répercussions sur la personne (chapitre 4) vous avez écrit que vous êtes trop occupé pour faire de l'exercice et vous sentez constamment déprimé et fatigué, vous devriez vous concentrer sur cet aspect de votre santé et de votre bien-être.

RÉFÉRENCES

BURNS, D.D. *Feeling Good: The New Mood Therapy, Revised and Updated*, New York, Avon, 1999.

Préjugés

6

Aperçu

Une grande partie du présent chapitre repose sur une étude des familles ayant participé aux séances de groupes d'entraide / de soutien mutuel (O'Grady, 2004). Lors de cette étude, les familles ont révélé à quel point elles avaient été touchées par les préjugés sur les plans personnel, interpersonnel, social et politique. Certaines avaient appris à vivre avec la douleur causée par les préjugés et la discrimination, tandis que d'autres n'avaient jamais fait l'objet de préjugés. Toutefois, la plupart des familles vivaient dans la crainte qu'on découvre la maladie de leur parent et ont été surprises et consternées d'apprendre que certaines personnes les considéraient comme la cause des problèmes de santé mentale ou des problèmes liés à l'utilisation d'une substance de leur parent. Les citations incluses dans le présent chapitre sont tirées d'entrevues menées auprès de ces familles. Leur histoire révèle l'intensité de la douleur qu'ont ressentie tant de familles en raison des préjugés, des idées préconçues et de la discrimination dont elles ont fait l'objet.

En général, les familles franchissent quatre étapes lorsqu'elles font l'objet de préjugés :
- **Comprendre les préjugés** – Cette étape correspond à la façon dont les membres de la famille comprennent les préjugés et les expliquent à d'autres personnes.
- **Subir des préjugés** – Cette étape correspond aux conséquences des préjugés sur la famille.
- **Survivre aux préjugés** – Cette étape correspond aux stratégies qu'utilisent les membres de la famille pour composer avec les préjugés.
- **Lutter contre les préjugés** – Cette étape correspond à la décision que prennent certaines familles de lutter contre les préjugés au niveau social et politique.

Le présent chapitre vous aidera à comprendre les causes des préjugés et les mesures que prennent les familles pour relever les défis qui y sont associés.

COMPRENDRE LES PRÉJUGÉS

Lorsque j'ai soupçonné que j'avais le cancer, je suis allée voir mon médecin sur-le-champ. Puis, pour la première fois de ma vie, j'ai fait une dépression. J'ai attendu trois mois avant de consulter un psychiatre, même si je savais que j'étais déprimée. Je devais prendre soin de mon mari, qui avait une maladie mentale très grave. J'avais peur d'être une personne qui devait consulter un psychiatre. Cela trahissait une certaine faiblesse que l'on associe à la maladie mentale. Il faudra beaucoup de temps avant qu'on cesse de penser ainsi. Je me disais : « Pourquoi suis-je déprimée ? Je devrais être plus résiliente ».

Dans beaucoup de sociétés, on méprise les personnes aux prises avec un trouble de santé mentale ou un trouble lié à l'utilisation d'une substance. Les personnes aux prises avec ces troubles – et leur famille – font face à des attitudes, des comportements et des commentaires négatifs. C'est ce qu'on entend par préjugés. Quand on fait l'objet de préjugés, il est plus difficile de vivre avec les troubles concomitants. Les préjugés peuvent :

• couvrir de honte, isoler et punir les personnes ayant besoin d'aide ;
• accroître les risques qu'une personne n'obtienne pas l'aide dont elle a besoin ;
• atténuer le soutien social ;
• miner la confiance en soi ;
• donner aux gens l'impression qu'ils ne seront jamais acceptés par la société.

Peur

Un grand nombre de personnes ont peur des problèmes de santé mentale et liés à l'utilisation d'une substance. Une des plus grandes peurs est celle de perdre la capacité de penser et de communiquer, de prendre des décisions et de mener sa vie. On perçoit souvent les personnes ayant des problèmes de santé mentale et liés à l'utilisation d'une substance ainsi que leur famille comme étant étranges, imprévisibles, violentes ou dangereuses.

> *On croit souvent que les personnes ayant une maladie mentale sont violentes. C'est ce qu'on montre dans les médias. Puis on se demande : Ma famille craint-elle que ma fille devienne violente ? Il ne faut pas se le cacher, elle dit souvent des choses inappropriées et se met en colère quand elle ne se sent pas bien, mais elle n'est jamais violente. Toutefois, un grand nombre de personnes associent la maladie mentale aux comportements criminels en général.*

En fait, la plupart des personnes qui commettent des actes de violence n'ont pas de maladie mentale. Les personnes ayant une maladie mentale sont plus susceptibles d'être les victimes de tels actes – environ 2,5 fois plus susceptibles – que les autres membres de la société. Dans bien des cas, les actes de violence sont commis par des personnes confrontées à d'autres facteurs comme la pauvreté, l'itinérance et l'utilisation d'une substance. Malheureusement, des études récentes laissent à penser que la perception selon laquelle les personnes ayant une maladie mentale sont violentes et dangereuses est à la hausse (Association canadienne pour la santé mentale, 2003).

Les familles ont peur de dire à leurs amis et à leurs connaissances que leur parent a des troubles concomitants et craignent que les personnes qui l'apprennent ne les rejettent. Elles craignent également que, si on sait que leur parent a une maladie mentale, certaines avenues lui seront fermées.

Que me vient-il à l'esprit quand je pense aux préjugés ? D'abord et avant tout, la peur qu'on découvre la maladie et la peur de la réaction d'autrui. On craint toujours que l'attitude des gens envers soi et envers le membre de la famille qui est malade ne change. Tout ce qui affecte l'utilisateur affecte sa famille.

Beaucoup de gens croient qu'une personne aux prises avec des troubles concomitants ne peut s'en remettre ou n'a pas d'avenir. Il n'est pas rare que des familles comparent les troubles concomitants au cancer. Dans le passé, le cancer suscitait des préjugés et certains évitaient les personnes qui en étaient atteintes. Ces réactions étaient souvent causées par la peur. Bien que le cancer suscite toujours de l'anxiété et de la peur, la plupart des gens reconnaissent aujourd'hui que plusieurs types de cancer peuvent être guéris ou traités. S'il est vrai qu'il y a des similitudes entre les troubles concomitants et le cancer dans la mesure où le rétablissement est possible dans un cas comme dans l'autre, la perception est souvent tout autre.

Les médias

Il n'est pas rare que les médias donnent une image erronée du lien qui existe entre les problèmes de santé mentale et la violence et présentent, pour des raisons de sensationnalisme, des stéréotypes inexacts et peu flatteurs concernant les personnes ayant des problèmes de santé mentale et liés à l'utilisation d'une substance, ainsi que leur famille.

Des études laissent à penser que certaines formes de discrimination sont devenues plus courantes les dix dernières années, notamment en raison de la couverture des médias, qui établissent un lien entre les troubles de santé mentale et les meurtres (Association canadienne pour la santé mentale, 2003). Les médias mettent l'accent sur l'aspect chronique des maladies mentales, la violence et les comportements criminels. En ce qui concerne les troubles liés à l'utilisation d'une substance, ils mettent l'accent sur le manque de maîtrise de soi et le désespoir. Ces descriptions trompeuses accroissent le rejet, l'ostracisme, le harcèlement et la victimisation des personnes ayant une maladie mentale, des troubles liés à l'utilisation d'une substance ou des troubles concomitants. L'utilisation inappropriée ou irréfléchie de termes causant des préjugés est courante dans les médias.

Je crois que les médias ont fait des progrès, mais on entend encore bien des choses négatives. J'ai entendu récemment quelqu'un dire pendant le bulletin de nouvelles : « Il faudrait être schizo pour faire cela ». Il faut faire attention aux mots qu'on choisit, car ils peuvent blesser . . . Il faut que les médias soient responsables et répondent des propos qu'ils tiennent. Je crois qu'il est vraiment important de tenir les gens responsables de ce qu'ils disent et des messages qu'ils véhiculent au sujet d'autres êtres humains.

En moyenne, les foyers nord-américains regardent la télévision pendant près de cinq heures par jour (Nielsen Media Research, 2007). Un grand nombre de téléspectateurs ne remettent pas en question les images et les informations négatives qui leur sont présentées.

Sur une note plus positive, davantage de documentaires et de films véhiculent un message réaliste et présentent le sujet avec délicatesse.

> *Au moins, on fournit de plus en plus d'information exacte à la télévision sur la maladie mentale, la schizophrénie et l'abus d'une substance et on présente les personnes aux prises avec ces maladies comme des êtres humains en révélant le caractère tragique de ce qu'ils ont perdu.*

Blâme

Il y a plusieurs années, on disait que les familles causaient et prolongeaient les troubles concomitants. C'est ce qu'ont entendu, de la part de professionnels de la santé et de la société en général, beaucoup de parents ayant participé à l'étude.

> *Je compare la maladie mentale et l'addiction à la maladie d'Alzheimer parce que ma belle-mère n'a pas senti de gêne en annonçant à sa famille que son mari souffrait de cette maladie. Aucun médecin ne l'a blâmée. La collectivité nous a aidés de bien des façons. Je pense que c'est parce qu'on se souvenait de lui comme d'un membre à part entière de la société, un bon travailleur et une charmante personne qui habitait le quartier depuis 75 ans. On s'attend à ce qu'une personne perde ses facultés mentales en vieillissant n'est-ce pas ? C'est bien différent dans le cas de la maladie mentale . . . Certaines personnes disaient que ma mère était responsable de la schizophrénie de ma sœur. Elle a donc décidé de ne plus en parler.*

En général, on ne s'attend pas à ce qu'une personne ayant une maladie physique assume toutes ses responsabilités ou se rétablisse uniquement par la volonté. Quand on considère qu'un problème découle d'un choix personnel, la société est souvent plus sévère.

> *Pendant très longtemps, je savais intellectuellement ce qu'était la maladie [schizophrénie et problème lié à l'utilisation d'une substance] mais, en mon for intérieur, je pensais que c'était la faute de ma sœur et que, si elle essayait vraiment, elle pourrait se maîtriser et mieux se comporter. Mais, après un certain temps, cette façon de pensée disparaît et on se rend compte que les personnes ayant une maladie mentale ne l'ont pas demandée. Je ne peux imaginer rien de plus horrible que de ne plus pouvoir maîtriser ses pensées.*

SUBIR DES PRÉJUGÉS

Subir des préjugés à cause de ses relations

Certains disent que les préjugés sont pires que la maladie elle-même.

—Torrey (1994)

Nous avons discuté du fait que des changements biochimiques dans le cerveau accompagnés de divers facteurs environnementaux peuvent causer des problèmes de santé mentale et liés à l'utilisation d'une substance. Pourtant, un grand nombre de personnes croient toujours que ces problèmes sont attribuables aux comportements de membres de la famille.

Il arrive que des familles soient blâmées, craintes ou évitées parce qu'un des leurs est aux prises avec des problèmes. Bien des parents sont soulagés d'apprendre que les troubles de santé mentale ont des causes biomédicales. Toutefois, la société continue de les blâmer pour les problèmes de leurs enfants. Que les familles fassent ou non l'objet de discrimination ou d'attitudes négatives ou qu'elles craignent d'en faire l'objet, une telle expérience peut être stressante. Un grand nombre de personnes tendent à taire le diagnostic parce qu'elles craignent de faire l'objet de préjugés. Certaines s'isolent et vivent dans la crainte que la maladie soit découverte.

Les familles subissent des préjugés de plusieurs façons :
• Leur réseau de soutien social peut se détériorer et elles peuvent être confrontées à des attitudes négatives si elles parlent du trouble.
• Elles peuvent être déçues de la réaction des professionnels de la santé mentale et se sentir en marge du processus de traitement.
• Dans bien des cas, elles doivent subir les effets des étiquettes mises aux troubles concomitants et de la visibilité de ces derniers.
• Le traitement peut être retardé parce qu'elles craignent de faire l'objet de préjugés.

> *Quand nous étions enfants, nous savions que notre mère n'allait pas bien, mais personne ne voulait l'admettre. Nous ne pouvions en parler à personne ni demander de l'aide à qui que ce soit. Les personnes qui ne faisaient pas partie de notre famille ne réalisaient pas ce qui se passait. Jour après jour, nous vivions dans ce monde étrange que personne ne pouvait voir ; nous étions seuls face au problème.*

Sources multiples de préjugés

Lorsqu'il y a de multiples sources de préjugés, le risque de problèmes de santé mentale, émotionnelle et physique s'accroît. Plus les éléments distinctifs d'une personne sont visibles – par exemple, un handicap physique, un retard du développement évident, une couleur de peau autre que blanche, une façon non conformiste de se vêtir, un accent, ou une insuffisance linguistique – plus cette personne est mal à l'aise à l'idée d'avoir recours à des services de santé mentale.

Isolement

Beaucoup de gens essaient de se protéger des préjugés en évitant certaines personnes ou situations. Toutefois, en limitant les interactions sociales, on accroît la solitude et la détresse psychologique, ce qui mène à l'isolement social. Une personne peut alors commencer à penser qu'elle est incompétente, étrange ou imparfaite. **Un réseau de soutien social restreint peut en fait miner la confiance en soi et l'estime de soi des membres de la famille, qui peuvent alors faire une dépression.** Dans un tel cas, les membres de la famille sont moins susceptibles de demander de l'aide.

> *Je suppose que les préjugés y sont pour quelque chose. On coupe les liens avec des personnes sur qui on aurait pu compter, et dont on a vraiment besoin. On agit ainsi uniquement à cause des préjugés. Ce n'est pas parce qu'on ne leur fait pas confiance ; c'est à cause des préjugés. Et le risque est énorme. On ferme toutes les portes aux personnes qui auraient pu nous aider.*

Reconnaissance insuffisante

Les familles disent que les professionnels de la santé reconnaissent rarement ce qu'elles ont à offrir, qu'ils font fi de leurs opinions ou qu'ils ne mentionnent pas les efforts qu'elles déploient pour soutenir leur parent. Dans bien des cas, les besoins de la famille ne sont pas considérés comme une priorité. De plus, un grand nombre de collectivités n'offrent pas de programmes de soins intégrés pour les personnes ayant à la fois une maladie mentale et des troubles liés à l'utilisation d'une substance. Des familles disent avoir été mises de côté, traitées avec condescendance et blâmées pour la maladie de leur parent. Certaines disent qu'on ne les consulte pas au sujet du traitement dispensé à leur parent.

> *Je garde du ressentiment au sujet des efforts que j'ai déployés pendant des années avant que la maladie ne soit diagnostiquée. Tout le temps que j'ai consacré, toute cette anxiété, toutes ces inquiétudes parce que mon enfant ne se développait pas normalement et que personne ne m'écoutait ! J'étais tellement en colère – et je le suis encore.*

TRAITEMENT ADAPTÉ AUX DIFFÉRENCES CULTURELLES

Il se peut que les programmes de traitement qui reposent sur les valeurs philosophiques occidentales ne répondent pas aux besoins de tous. Les familles déplorent le manque de services de santé mentale adaptés aux différences culturelles et le manque de familles appartenant à divers groupes minoritaires au sein des groupes de soutien.

> *Les gens ont l'occasion d'apprendre des moyens de faire face à des problèmes comme les préjugés. Mais il faut pour cela qu'ils se joignent aux groupes de soutien. Mes parents ne sont pas le genre de personnes à faire partie de tels groupes. La plupart des participants sont anglo-saxons, sont des femmes et ont un enfant aux prises avec une maladie mentale. Ils sont plus instruits ; le genre de personnes plus susceptibles de faire du bénévolat, de faire partie de comités et d'organisations et de fournir des conseils. Or, dans certaines cultures, on préfère cacher la maladie mentale et les problèmes de drogue et en parler uniquement dans la famille. En plus de composer avec la maladie mentale, ces familles doivent faire face aux préjugés associés à leur origine ethnique.*

Étiquettes

Certaines familles hésitent à accepter le diagnostic qui a été posé en raison des effets potentiellement dévastateurs de l'étiquette qui lui est associée. Les étiquettes « schizophrène » et « drogué » sont parmi les plus tenaces. Les autres diagnostics tels que « dépression et abus de tranquillisants » et « trouble de l'anxiété et abus de codéine » peuvent être interprétés comme signifiant que la personne est incapable de composer avec le stress du quotidien. Il se peut que les professionnels de la santé ne prennent pas au sérieux les symptômes de ces troubles et qu'ils estiment que les clients et leur famille ont un « trouble de la personnalité » ou « cherchent à attirer l'attention ».

Il peut être beaucoup plus difficile de ne pas tenir compte d'un diagnostic posé en bonne et due forme ou de le dissimuler. **Une femme a dit qu'elle avait de la difficulté à accepter le diagnostic de schizophrénie posé à l'endroit de son frère ; elle préférait croire que son comportement bizarre et imprévisible était causé uniquement par la drogue.** D'autres ont de la difficulté à accepter la réalité du diagnostic.

> *Ce n'est que quand il a eu un véritable épisode psychotique que nous avons su que les drogues n'étaient pas le seul problème. Les choses ont changé lorsque qu'on a diagnostiqué qu'il avait à la fois un problème de drogue ET une maladie mentale. Ça a été très difficile. Nous avons eu du mal à accepter le diagnostic de schizophrénie. J'ai eu de la difficulté à accepter qu'il s'agissait vraiment d'une maladie mentale, car je pensais aux préjugés qui y sont associés. Pas la schizophrénie ! Ils se trompent ; c'est sûrement la consommation d'acide qui explique tout ça. C'est terrible, mais c'est ce que je pensais à l'époque. Ça a été très difficile à accepter.*

En général, lorsque les symptômes sont manifestes (p. ex., l'abus d'une substance, explosions de colère, se parler à haute voix), les préjugés sont plus prononcés.

> *Je crois que les préjugés sont plus nombreux lorsque la maladie mentale est visible. Ma fille m'a dit qu'elle avait lancé une bouteille par terre il y a deux semaines. Elle marchait, une bouteille de jus à la main, et elle s'est mise en colère. Elle était très instable à l'époque. Les gens ont eu peur.*

Traitement retardé

Lorsqu'une personne est traitée rapidement pour des troubles concomitants, on peut modifier le cours de la maladie et accroître les chances de rétablissement. Toutefois, la crainte des préjugés peut décourager les familles de faire soigner leur parent et de demander des soins et du soutien pour elles-mêmes.

> *Les préjugés peuvent empêcher les parents de demander davantage d'aide. Peut-on le leur reprocher ? Il suffit d'une mauvaise expérience dans le système de santé et on se dit qu'on ne recommencera plus. Un psychiatre pour enfants nous a dit, à mon mari et moi, que nous étions la cause du comportement de notre fils. Être blâmés et se faire dire que l'on est de mauvais parents empêchent un grand nombre de personnes de demander des traitements par la suite. On se dit qu'il est inutile de demander à ces personnes de nous aider, car elles vont nous dire que c'est notre faute ! Nous sommes partis et ne sommes jamais retournés. Nous avons décidé de vivre avec la situation.*

Une mère décrit la détresse qu'elle a endurée pendant des mois parce que son fils était aux prises avec des troubles concomitants et refusait de demander de l'aide en raison de l'attitude négative des gens.

> *Si je me faisais opérer d'un cancer et que je devais manquer l'école pendant un mois pour me rétablir, croyez-vous que cela m'empêcherait de terminer mes études ? Je suis sa mère et je ne peux pas l'aider ; je ne peux pas le défendre. . . Je dois respecter la vie privée de mon fils. Il a attendu avant de demander de l'aide parce qu'il craignait de perdre son emploi ! Qui expliquerait la situation à son superviseur ? Nommez-moi une personne qui ferait cela pour lui ! Une personne qui dirait : « Nous allons l'aider à se défendre ».*

SURVIVRE AUX PRÉJUGÉS

Les familles ont découvert plusieurs façons de composer avec les préjugés et la discrimination. Les stratégies qu'elles adoptent varient selon la situation, la gravité de la maladie de leur parent, l'étape de son rétablissement et le cheminement qu'elles ont fait sur le plan de la découverte de soi et de la guérison. Les stratégies utilisées pour survivre aux préjugés sont propres à chaque famille et à ses membres et peuvent comprendre les mesures suivantes :

- demander l'aide de familles qui se trouvent dans une situation semblable ;
- ne pas parler des problèmes en dehors de la famille ;
- parler publiquement de la situation ;
- contester les attitudes négatives ;
- voir la situation sous un nouvel angle.

Créer un réseau de soutien

Un grand nombre de familles ont recours à des organismes communautaires comme la Mood Disorders Association of Ontario, la Société de schizophrénie et Al-Anon pour obtenir un soutien émotionnel et de l'information, et pour se faire accepter. Le soutien social peut aider les familles à faire face aux problèmes et à composer avec le stress, et peut même prévenir ou atténuer divers problèmes de santé.

> *Combien de personnes savent que le soutien obtenu par la famille peut les aider à composer avec des choses comme les préjugés ? Les gens n'en ont pas la moindre idée. Mais il est très important pour les membres de la famille d'obtenir de l'aide. Si on ne m'avait pas aidée, mon mari et moi ne serions plus mariés parce que j'aurais été incapable de composer avec sa maladie mentale et son alcoolisme. Où en serait la société si on ne pouvait pas obtenir d'aide ?*

Les groupes de soutien familial permettent également de se faire des amis et de créer des réseaux sociaux qui peuvent renforcer l'estime de soi et le sentiment d'efficacité. **Lorsque les familles parlent avec d'autres familles de problèmes, de sentiments et d'expériences qu'elles ont en commun, elles sont moins susceptibles de croire qu'elles sont la cause des problèmes de leur parent.**

> *Les groupes de soutien familial peuvent fournir beaucoup d'aide en permettant aux personnes de parler de leurs problèmes. On peut discuter de divers sujets comme la médication, le fait de ne pas prendre ses médicaments, le logement et les préjugés, alors qu'on ne pourrait en parler lors d'une activité sociale typique parce que ces sujets sont déprimants. Les personnes non concernées ne veulent pas entendre parler des médicaments administrés aux personnes ayant un trouble psychiatrique, du logement sans but lucratif, des effets de la drogue sur les personnes ayant une maladie mentale et d'autres*

sujets du genre ! Ça fait du bien de faire partie d'un groupe de personnes qui comprennent votre situation ; il n'est pas nécessaire de tout leur expliquer. Il n'y a rien à cacher. Tout le monde est dans le même cas.

Les familles disent également qu'en offrant du soutien et de l'information, elles ont l'impression d'avoir réussi quelque chose et leur estime de soi s'en porte mieux.

Je suis en faveur du système du copain. Je crois que chaque famille qui vient de se joindre au groupe devrait être jumelée avec une famille qui en fait partie depuis un certain temps pour l'aider à se retrouver dans tout cela. Un grand nombre de familles se joignent à un groupe de soutien parce qu'elles se sentent tellement isolées. Les familles qui ont acquis de l'expérience en retirent aussi des avantages. Elles se sentent bien parce qu'elles aident quelqu'un. Elles ont l'impression qu'elles peuvent agir de façon positive et améliorer les choses.

Protéger la vie privée

Beaucoup de familles se demandent si elles devraient parler ou non de la maladie mentale et de l'abus d'une substance. Si elles décident de le faire, elles doivent ensuite déterminer quand, comment et à qui se confier.

Si la famille est aux prises avec de graves problèmes de santé mentale et de drogues, chaque fois qu'on fait la connaissance de quelqu'un, on se demande : « Devrais-je lui en parler ? » ; « Que se passera-t-il ? » ; « Que va-t-il en penser ? » ; « Comment va-t-il réagir ? ». Cela demande beaucoup d'énergie et entraîne de nombreux soucis.

Certaines familles, avec l'assentiment de leur parent, décident de raconter leur histoire personnelle au public. Dans ce contexte, il arrive souvent que les membres de la famille peuvent voir leurs expériences de façon plus objective. Comme ils se livrent à cet exercice pour informer d'autres personnes, les membres de la famille constatent qu'ils maîtrisent plus les aspects émotionnels de la situation et les réactions d'autrui.

Toutefois, pour éviter les préjugés, d'autres personnes tentent de cacher les problèmes ou s'isolent.

Parfois, quand je rends visite à mes parents, si un voisin sort de chez lui, je fais le tour du pâté de maison jusqu'à ce que je sache qu'il n'est plus là parce que je n'en peux plus des regards et des questions, de la réaction des gens. J'évite ces situations le plus possible. Je ne peux me forcer à dire « bonjour » comme une personne normale parce que je me demande ce qui est arrivé la veille. Qu'a fait ma sœur cette fois-ci devant les voisins ? Ma réaction dépend de la situation et de la façon dont je me sens.

On peut cacher les problèmes uniquement s'ils sont invisibles ou si le membre de la famille ayant des troubles concomitants peut ou veut bien collaborer. Si les troubles deviennent visibles, il peut être nécessaire d'essayer de nouvelles stratégies. Par exemple, un homme qui buvait de façon excessive a fait une grave dépression qui l'a conduit à l'hôpital. Il a dû suivre plusieurs traitements et a perdu son emploi. Son état s'est stabilisé et est resté ainsi pendant longtemps, puis il a fait une autre dépression et a passé des jours devant la télévision ou au lit. Son épouse a dit à ses amis qu'il avait travaillé si fort qu'il devait maintenant ralentir le rythme. Les gens ont fait preuve de compassion et n'ont pas demandé pourquoi il ne travaillait pas et n'assistait pas aux activités sociales.

Certaines familles tentent de maintenir une identité publique et une identité privée distinctes. Elles se confient uniquement à leurs parents et à leurs amis intimes qui comprennent la situation et en qui elles ont confiance. Ces personnes sont les seules à voir tous les aspects de ce que certains membres de la famille appellent leur identité « réelle ».

> *Je n'en parlerais jamais à mes collègues de travail parce que cela nuirait à ma carrière. De plus, les préjugés se propageraient. C'est pourquoi j'ai un cercle d'amis distinct au travail. C'est comme un refuge pour moi. C'est le seul endroit où je peux aller qui n'a pas été touché par la schizophrénie et la dépression, ni par les drogues et l'alcool. Si je me confiais à mes collègues de travail, ce milieu serait lui aussi envahi par la maladie mentale. Il est donc préférable de séparer ces deux mondes. Je peux alors franchir le seuil et me retrouver dans un monde normal ; un refuge où je peux me reposer.*

Un grand nombre de familles disent qu'elles ne parlent pas de leurs problèmes afin d'éviter les préjugés potentiels. Toutefois, des recherches ont démontré que certaines de ces stratégies ont des conséquences négatives. La question est de savoir si on peut atténuer les effets des préjugés en gardant le secret. **Une étude a démontré que les mécanismes d'adaptation axés sur le secret n'atténuaient pas les conséquences négatives des préjugés, des idées préconçues et de la discrimination.** En outre, ces stratégies ne prévenaient pas la détresse psychologique ni la démoralisation. En fait, les tactiques menant à l'évitement et au retrait faisaient plus de mal que de bien (Link, Mirotznik, Cullen, 1991).

Remettre en question les attitudes négatives

Les stratégies comme celles qui consistent à rejeter et à remettre en question les attitudes négatives et les croyances erronées ou à minimiser leur importance peuvent contribuer à accroître l'estime de soi et la résilience. **Un grand nombre de familles se sentent libérées lorsqu'elles acceptent le fait qu'elles ne peuvent contrôler les attitudes, les croyances et le comportement d'autres personnes.**

Il ne faut pas se laisser décourager par les personnes qui ont une attitude négative. Il faut se parer et faire face à la situation. Les préjugés sont omniprésents. Ce n'est pas en se défilant qu'on améliorera les choses pour soi ou pour sa famille. Il faut être dur dans ces circonstances.

… Je refuse de subir des préjugés. Lorsque des personnes ont une attitude négative à l'égard de mon mari parce qu'il fait une dépression, j'essaie de les sensibiliser. Si elles ne m'écoutent pas, je passe à autre chose. Je n'ai pas de temps à perdre avec des personnes comme ça.

On trouvera dans la section ci-après intitulée « Lutter contre les préjugés » des renseignements supplémentaires sur la façon de remettre en question les attitudes négatives.

Voir les choses sous un autre angle

Une autre stratégie d'adaptation consiste à envisager les circonstances difficiles de façon positive. Par exemple, on peut considérer la prestation de soins comme un cheminement personnel rempli d'espoir qui a des effets transformateurs positifs sur l'aidant.

On peut tirer une leçon de toute expérience négative. Je pense que c'est ce qu'il faut s'efforcer de faire en tant qu'être humain. On n'agit pas consciemment de la sorte, mais quand je pense à ma situation, je me dis : « J'ai tiré une leçon de cette expérience ».

On peut également essayer de relâcher l'emprise que les préjugés ont sur nous.

Je pense que les effets des préjugés dépendent de la perception qu'on en a. Si on refuse de se laisser influencer par les préjugés, ceux-ci perdent leur emprise. Il ne faut pas avoir honte, car il n'y a pas de raison d'avoir honte. Les préjugés peuvent semer le doute en nous.

LUTTER CONTRE LES PRÉJUGÉS

Parfois, lorsque les familles constatent que les préjugés et le rejet dont elles font l'objet sont surtout de nature sociale, et non personnelle, elles décident d'essayer d'apporter des changements.

Depuis des années je défends les droits des personnes ayant des troubles concomitants de santé mentale et liés à l'abus d'une substance afin de les légitimer. Nous devons commencer à sortir du placard. Je crois que nous serons en bien meilleure position lorsque tout le monde sera au fait de la réalité des troubles concomitants.

Certaines familles se joignent à des mouvements sociopolitiques afin de changer
la situation et les attitudes, d'atténuer la discrimination et d'accroître le contrôle des
ressources. Les groupes de soutien familial sont au cœur de cette intervention. Ils procurent à leurs membres un sentiment de pouvoir collectif qui les aide à régler leurs
problèmes communs et à améliorer leur vie.

Intervenir en faveur du changement

Les préjugés ont des effets considérables avec lesquels il est difficile de composer seuls.
Ils peuvent empêcher les législateurs d'affecter des fonds suffisants aux services de santé
mentale et aux aidants et peuvent empêcher les compagnies d'assurance d'accorder une
protection suffisante.

Pour un grand nombre de familles, en sensibilisant le public aux mythes, aux stéréotypes et à la réalité des troubles concomitants, on contribue à atténuer les préjugés.
Les familles déploient de nombreux efforts afin de dissiper les craintes irrationnelles,
d'humaniser les personnes aux prises avec ces troubles et leur famille et d'encourager
leur acceptation. En outre, les familles reconnaissent que les travailleurs de la santé,
les éducateurs et les médias doivent eux aussi être sensibilisés.

> *Les choses vont s'améliorer. Nous faisons notre part en sensibilisant les gens
> à la maladie mentale et à l'abus d'une substance. La situation ne peut pas
> être pire qu'elle ne l'était il y a 20 ans. En outre, on a mis en œuvre de bons
> programmes d'éducation et on réalise des recherches de qualité. Je crois tou-
> jours que la sensibilisation est le meilleur moyen de lutter contre les
> préjugés, mais je pense qu'il faudra attendre quelques générations pour
> mettre fin aux préjugés. Nous sommes à peine à mi-chemin.*

**Les groupes d'entraide familiale sont un des meilleurs moyens de favoriser le
changement au sein du système de santé mentale et des services liés à l'addiction.**
Les membres de ces groupes peuvent :
- se prononcer en faveur de meilleurs traitements, d'une planification plus soignée et
  d'une plus grande responsabilisation ;
- parrainer des conférences ;
- prendre la parole lors de réunions professionnelles ;
- exercer des pressions sur les législateurs et les personnes nommées à leur poste.

Les groupes représentant les familles ont influencé considérablement les travaux
de recherche et les traitements dispensés aux personnes aux prises avec des troubles
concomitants, particulièrement aux États-Unis. Les familles ont établi des rapports
fructueux avec des chercheurs, des professionnels de la santé mentale, des législateurs
et des administrateurs, sans nuire à leur indépendance à titre d'intervenants.

Les préjugés ne sont pas aussi tenaces qu'ils l'étaient il y a 18 ans. Je pense que les choses se sont beaucoup améliorées parce que les gens sont mieux informés. Les familles sont le meilleur moyen de faire connaître les troubles concomitants. C'est nous qui avons amorcé le dialogue. Nous avons décidé de parler de schizophrénie. Je pense que cela a démystifié considérablement la maladie mentale et l'abus de substance. Cela a été très utile avec mes amis. Au début, ils ne comprenaient pas la situation. J'ai alors décidé de les sensibiliser.

La défense des intérêts peut mettre certaines familles devant un dilemme moral, car elles doivent tenir compte du désir de leur parent de protéger sa vie privée ou de son désenchantement à l'égard du système de santé mentale. Certaines personnes veulent oublier ou nier leur état et s'attendent à ce que leur famille et d'autres personnes respectent ce désir. Un grand nombre de familles recommandent la prudence pour ce qui est des activités de défense des intérêts, y compris les activités de lobbying.

QUELQUES CONSEILS EN MATIÈRE DE DÉFENSE DES INTÉRÊTS

1. **Soyez bien informé.**
   En tant qu'ami ou que membre de la famille d'une personne vivant avec des problèmes de santé mentale et liés à l'utilisation d'une substance, vous savez quels en sont les effets. Votre expérience et vos connaissances à ce sujet sont parmi les outils les plus utiles que vous puissiez utiliser dans le cadre de votre intervention.

2. **Cernez les enjeux.**
   Un grand nombre de questions vous préoccupent (p. ex., l'accès à des services complets de dépistage et d'évaluation des problèmes de santé mentale et liés à l'utilisation d'une substance, l'accès à des traitements intégrés), mais il est préférable de cibler vos communications. Mettez l'accent sur une ou deux questions à la fois.

3. **Communiquez de façon efficace avec les représentants du gouvernement.**
   Rencontrez les représentants ou téléphonez-leur afin de nouer des liens avec eux et de leur transmettre vos messages clés. Vous pouvez téléphoner à votre député et lui faire part des principaux enjeux. Si vous pouvez lui parler directement, fournissez-lui des renseignements précis, factuels et convaincants. Soyez bref. N'oubliez pas de le remercier de vous avoir écouté. Envoyez-lui une courte lettre de suivi dans laquelle vous réitérerez vos messages clés. Si vous ne pouvez parler à votre député, laissez-lui un message auprès de son adjoint. Sachez ce que vous allez dire, soyez poli et n'oubliez pas de laisser vos nom, adresse et numéro de téléphone.

Envoyez une lettre à un ministère fédéral comme Santé Canada ou Justice Canada. Une lettre, envoyée par la poste ou par courrier électronique, est un moyen très efficace de transmettre des messages clés aux députés. Veillez à utiliser la bonne adresse. Décrivez dans vos propres mots l'expérience que vous avez vécue, cernez les enjeux et les messages clés et n'oubliez pas de remercier la personne à qui vous vous adressez. Une lettre est un excellent moyen pour les politiciens de faire la connaissance des personnes touchées par les problèmes de santé mentale et liés à l'utilisation d'une substance. Vous pouvez jouer un rôle clé à cette fin.

Voici quelques suggestions pour vous préparer à communiquer avec les représentants du gouvernement :
- Pour obtenir les coordonnées des représentants des gouvernements provinciaux et territoriaux, consulter le site http://canada.gc.ca/othergov/prov_f.html.
- Pour savoir qui est votre député fédéral, il suffit d'entrer votre code postal sur le site suivant : www2.parl.gc.ca/Parlinfo/Compilations/HouseOfCommons/MemberByPostalCode.aspx?Menu=HOC&Language=F.
- Pour obtenir des renseignements sur les ministres et les ministères fédéraux, visitez le site suivant : www2.parl.gc.ca/Parlinfo/Compilations/FederalGovernment/MinisterialResponsabilities.aspx?Language=F. Vous trouverez les coordonnées du Conseil des ministres à : www2.parl.gc.ca/Parlinfo/Compilations/Addresses/Ministry.aspx?Language=F.
- Pour de plus amples renseignements sur la façon de communiquer avec votre député, consulter le site : http://www.vsr-trsb.net/publications/roundeng.pdf.

4. **Communiquez de façon efficace avec les médias.**
   Il se peut que le journal ou la station de radio ou de télévision de votre localité accepte de parler de l'expérience que vous avez vécue et des enjeux clés. Soyez clair et concis. Préparez-vous avant de rencontrer le journaliste et ne vous éloignez pas de vos messages clés. Vous pouvez également communiquer avec des organismes locaux, provinciaux, territoriaux ou nationaux avant de rencontrer les médias.

Cette liste a été dressée à partir des conseils formulés par la Société canadienne de la schizophrénie.

Effets des campagnes anti-préjugés

Des études ont démontré que certaines campagnes de sensibilisation entraînent une hausse modérée des connaissances générales au sujet de la maladie mentale et de l'abus d'une substance, mais qu'elles ont peu d'effets sur les attitudes négatives. Par exemple, la sensibilisation aux caractéristiques biochimiques des troubles concomitants n'a pas amélioré les attitudes envers les personnes ayant des problèmes de santé mentale et liés à l'utilisation d'une substance (Read et Harre, 2001).

Toutefois, les attitudes s'améliorent lorsque les gens entrent en contact avec des personnes ayant des troubles concomitants. Cela laisse croire que les campagnes de sensibilisation et anti-préjugés devraient comprendre un élément personnel, par exemple des témoignages de clients ou de familles au sujet de leurs difficultés et de leurs triomphes.

> *Je pense que les familles et les personnes aux prises avec la maladie sont les mieux placées pour parler des préjugés. Nous avons maintenant des personnes qui sont prêtes à se lever et à dire oui, j'ai la schizophrénie et oui, j'ai pris des drogues et de l'alcool. Je connais trois ou quatre personnes qui peuvent m'accompagner quand je visite des écoles secondaires et parler de leur maladie aux élèves. Le mois dernier, un jeune homme m'a accompagné lorsque j'ai pris la parole devant des étudiants en médecine de première année. Les gens veulent entendre des personnes aux prises avec la maladie raconter leur histoire.*

Vous trouverez ci-après une liste de personnes connues qui ont eu un problème de santé mentale, un problème lié à l'utilisation d'une substance ou ces deux types de problèmes.

Saviez-vous que ces personnes (et la liste est loin d'être complète !) se sont battues ou continuent de se battre avec ces problèmes ?

Êtes-vous surpris d'apprendre que certaines personnes figurent sur cette liste ? Dans l'affirmative, pourquoi cela vous surprend-il ?

- **Paula Abdul** (chanteuse/danseuse) a été aux prises avec un trouble de l'alimentation (boulimie).
- **Patty Duke Astin** (comédienne) a écrit un livre au sujet de son trouble bipolaire intitulé *A Brilliant Madness: Living with Manic Depression Illness*, qui a été publié en 1992.
- **Drew Barrymore** (comédienne) a fait une dépression clinique et a été aux prises avec des problèmes liés à l'utilisation d'une substance à un très jeune âge.
- **Ludwig van Beethoven** (compositeur allemand) avait un trouble bipolaire.
- **Jim Carrey** (comique/comédien) a fait une dépression clinique.
- **Winston Churchill** (ancien premier ministre britannique) a eu un trouble bipolaire.
- **Francis Ford Coppola** (réalisateur des films *Le parrain* et *Apocalypse Now*) a eu un trouble bipolaire.
- **Patricia Cornwell** (écrivaine de romans à énigmes et à suspense) a eu un trouble bipolaire et un trouble de l'alimentation (anorexie et boulimie).
- **Charles Darwin** (naturaliste, auteur de la théorie de l'évolution intitulée « The Origin of Species ») avait un trouble panique grave.
- **Carrie Fisher** (comédienne – a joué le rôle de la princesse Leia dans *La guerre des étoiles*) a eu un trouble bipolaire et des problèmes liés à l'utilisation d'une substance.
- **F. Scott Fitzgerald** (écrivain, auteur de *Gatsby le magnifique*) a fait une dépression clinique.
- **Judy Garland** (comédienne, chanteuse, a joué le rôle de « Dorothy » dans *Le magicien d'Oz*) a fait une dépression clinique et a été aux prises avec des problèmes liés à l'utilisation d'une substance.
- **Linda Hamilton** (comédienne, *Terminator*, *Terminator II*) a un trouble bipolaire.
- **Sir Anthony Hopkins** (comédien britannique, *Nixon* et *Le silence des agneaux*) a fait une dépression clinique.
- **Margot Kidder** (comédienne, a joué le rôle de « Lois Lane » dans *Superman*) a eu un trouble bipolaire.
- **Marilyn Monroe** (comédienne) a fait une dépression clinique et a été aux prises avec des problèmes liés à l'utilisation d'une substance.
- **Alanis Morissette** (chanteuse, musicienne) a fait une dépression clinique.

- **Dolly Parton** (chanteuse country, comédienne) a fait une dépression clinique.
- **George S. Patton** (général américain, chef militaire pendant la Deuxième Guerre mondiale) a fait une dépression clinique.
- **Cole Porter** (parolier américain, compositeur de musique à Broadway [« Anything Goes », « Can-Can », « Night and Day »]) a fait une dépression clinique, a été aux prises avec l'alcoolisme et a eu un délire paranoïde et un trouble obsessionnel-compulsif.
- **James Taylor** (musicien, chanteur) a eu un trouble bipolaire.
- **Léon Tolstoy** (écrivain, auteur de *Guerre et paix*) a fait une dépression clinique et a été aux prises avec l'alcoolisme.
- **Barbra Streisand** (chanteuse, comédienne) a une phobie sociale.
- **Margaret Trudeau Kemper** (épouse de l'ancien premier ministre canadien Pierre Trudeau) a un trouble bipolaire.
- **Robin Williams** (comédien) a un trouble bipolaire.

Épuisement

Lorsque, après des années d'intervention, les familles n'obtiennent pas les résultats escomptés, certaines se sentent paralysées et épuisées.

> *Il y a une 'Course à la vie' pour guérir le cancer. Tout le monde est prêt à venir en aide aux personnes qui ont le cancer. On fait du porte à porte pour recueillir des fonds pour la recherche et le soutien aux personnes atteintes du cancer. Et la schizophrénie ? Les gens assistent à la marche pour la schizophrénie mais ils ne sont pas d'un grand soutien. Ils n'encouragent pas et n'applaudissent pas les participants. Ça va être encore plus difficile pour la maladie mentale et l'abus de substances. Il y a relativement peu de personnes ayant des troubles concomitants et de familles qui s'affichent comparativement au pourcentage de personnes aux prises avec ces maladies. Il n'y a tout simplement pas assez de héros ni de modèles de comportement positif. Ce que nous voyons, ce sont les familles dévouées qui ont fait progresser les choses dans ce domaine.*

On soulève constamment des questions comme le nombre insuffisant de logements pour les personnes ayant des troubles concomitants, le manque de reconnaissance du fardeau que porte la famille et l'absence de services et de soins de relève pour les familles. Malheureusement, personne ne s'en occupe. Malgré ces obstacles, les familles continuent de déployer des efforts afin que les personnes ayant des troubles concomitants soient traitées de façon juste et équitable. Il se peut que les familles doivent interrompre leurs interventions de temps à autre afin de se reposer et de se ressourcer.

Malgré leurs expériences négatives, les familles ont trouvé des moyens de composer avec les préjugés et d'y survivre. Un grand nombre d'entre elles ont fait le point sur leur croissance et leur épanouissement après avoir fait face aux préjugés et considèrent que leurs expériences leur ont permis d'apprendre à outrepasser les effets des idées préconçues et de la discrimination.

RÉFÉRENCES

ASSOCIATION CANADIENNE POUR LA SANTÉ MENTALE. *Comprendre la maladie mentale : La violence et la maladie mentale*, 2003. Disponible à : www.cmha.ca/bins/content_page.asp?cid=3-108&lang=2. Consulté le 6 juin 2007.

LINK, B.G., J. MIROTZNIK ET F.T. CULLEN. « The effectiveness of stigma coping orientations: Can negative consequences of mental illness labelling be avoided? », *Journal of Health and Social Behavior*, vol. 32 (1991), p. 302–320.

O'GRADY, C.P. *Stigma As Experienced By Family Members of People with Severe Mental Illness: The Impact of Participation in Self-Help / Mutual Aid Support Groups*, dissertation de doctorat, Université de Toronto, 2004.

READ, J. ET N. HARRE. « The role of biological and genetic causal beliefs in the stigmatisation of "mental patients" », *Journal of Mental Health*, vol. 10 (2001), p. 223–235.

SOCIÉTÉ CANADIENNE DE LA SCHIZOPHRÉNIE. *Advocacy Tips*. Disponible à : www.schizophrenia.ca/english/advocacy.php. Consulté le 6 juin 2007.

TORREY, E.F. « Violent behaviour by individuals with serious mental illness », *Hospital and Community Psychiatry*, vol. 45 (1994), p. 653–662.

Partie III:
Traitement

S'y retrouver dans le système de traitement

7

Aperçu

Il faut se démener au sein du système de santé quand on essaie d'obtenir de l'aide pour un membre de sa famille. Le système n'est pas là pour vous servir. On se sert du système pour subvenir à ses besoins, ce qui demande des efforts. Il peut être tout aussi frustrant d'avoir des contacts avec le système de santé mentale ou le système de traitement des addictions que de composer, seul, avec les problèmes de santé de votre parent. Cela est tout aussi démoralisant et désespérant, car on s'imagine que le système de santé est là pour nous aider et lorsque cela ne se produit pas, c'est encore plus désastreux. C'est comme si notre grand-mère nous avait laissé tomber. Une personne que l'on croyait gentille et bienveillante nous a claqué la porte au nez. Il faut donc être fort et bien connaître le système pour s'y retrouver. Il faut pour cela se renseigner et se former. Il faut également être proactif et apprendre ce qu'on doit faire, à qui on doit s'adresser, quel programme convient le mieux et quel volet du système répondra à nos besoins. Enfin, il faut devenir un bon négociateur et donner l'impression qu'on sait de quoi on parle.

Y A-T-IL UN SYSTÈME ?

Bien qu'il y ait un grand nombre de services et de ressources pour les personnes ayant des problèmes de santé mentale et liés à l'utilisation d'une substance, il n'y a pas de liens entre ces services et ressources. Si ces liens existaient, il serait facile de comprendre le rôle et les fonctions de chaque fournisseur de services. On commencerait à planifier les services en fonction des besoins du client et il serait facile d'obtenir des services dispensés dans le cadre de plusieurs programmes. Il est encore plus important de relier les services entre eux lorsqu'un client est aux prises avec des problèmes complexes, ce qui est généralement le cas des problèmes concomitants de santé mentale et liés à l'utilisation d'une substance. Bien que les fournisseurs reconnaissent qu'un client a de nombreux besoins, il arrive trop souvent qu'ils ne veulent pas ou ne peuvent pas dire : « Vous êtes au bon endroit et nous sommes les mieux placés pour vous aider. Si nous ne pouvons pas répondre à tous vos besoins, nous pouvons vous diriger vers d'autres ressources qui pourront vous aider ».

CE QUI *DEVRAIT* SE PRODUIRE : LE TRAITEMENT INTÉGRÉ

Le traitement des troubles concomitants donne les meilleurs résultats si le client a établi depuis longtemps une relation stable avec un professionnel de la santé en qui il a confiance, par exemple un gestionnaire de cas ou un thérapeute.

Le traitement intégré signifie que les traitements dispensés aux personnes ayant des problèmes de santé mentale et liés à l'utilisation d'une substance sont regroupés et, idéalement, fournis au même endroit par les mêmes cliniciens et travailleurs de soutien ou par la même équipe de cliniciens et de travailleurs de soutien. De cette façon, les problèmes de santé mentale et les problèmes liés à l'utilisation d'une substance sont expliqués de la même façon au client et ce dernier bénéficie d'un plan de traitement cohérent. Le traitement intégré signifie également que le traitement est coordonné et complet et que le client reçoit de l'aide pour d'autres aspects de sa vie comme le logement et l'emploi. Un soutien permanent à l'égard de ces autres aspects de la vie peut aider les clients à conserver les acquis de leur traitement, prévenir les rechutes et leur permettre de subvenir à leurs besoins fondamentaux.

La plupart des programmes intégrés s'adressent aux clients qui ont de graves problèmes de santé mentale. Ces programmes ont des caractéristiques communes, dont les suivantes :
• des interventions échelonnées (voir les sections « Étapes du changement » et « Étapes du traitement » à la p. 133 –134) ;
• une approche active (voir la section « Traitement communautaire dynamique » à la p. 146) ;
• des interventions motivationnelles (voir la section « Approches motivationnelles du traitement » à la p. 130 –131) ;
• des interventions de soutien social (p. ex., soutien au logement et à l'emploi).

Si les soins intégrés exigeaient toujours que les clients reçoivent des services dans le cadre d'un seul programme, il faudrait réaménager de fond en comble les systèmes actuels de prestation de services. Heureusement, les fournisseurs de services de santé mentale et de services liés à l'utilisation d'une substance constatent qu'un grand nombre de personnes aux prises avec des troubles concomitants peuvent recevoir des soins bien intégrés dans le cadre de différents programmes si :
• on établit des liens entre les programmes ;
• une personne ou une équipe s'assure que les services sont coordonnés.

Un grand nombre de fournisseurs de services de santé mentale et de services liés à l'utilisation d'une substance collaborent entre eux, ce qui leur permet d'offrir des traitements intégrés aux personnes ayant des troubles concomitants.

En général, les personnes ayant de graves problèmes de santé mentale et liés à l'utilisation d'une substance obtiennent de meilleurs résultats lorsque ces deux types de problèmes sont traités simultanément. Toutefois, il se peut que les personnes ayant d'autres types de problèmes de santé mentale obtiennent de meilleurs résultats lorsque les problèmes de santé mentale et liés à l'utilisation d'une substance sont traités les uns après les autres (p. ex., dans bien des cas, les problèmes d'anxiété s'atténuent lorsque le client réduit ou cesse son utilisation d'une substance). Dans un tel cas, on s'occupe d'abord des problèmes liés à l'utilisation d'une substance, mais dans le contexte d'un plan de traitement tenant également compte des problèmes de santé mentale (Santé Canada, 2002).

CE QUI *PEUT* SE PRODUIRE : LE TRAITEMENT SÉQUENTIEL OU PARALLÈLE

Dans un grand nombre de localités, les traitements pour les problèmes liés à l'utilisation d'une substance sont offerts séparément des traitements pour les problèmes de santé mentale. Cela peut se produire de l'une ou l'autre des façons suivantes :
* on traite un problème uniquement lorsque l'autre problème s'est stabilisé (traitement séquentiel) ;
* on traite les deux problèmes en même temps, mais les fournisseurs de services de santé mentale communiquent peu, ou pas du tout, avec les fournisseurs de services liés à l'utilisation d'une substance ou vice-versa (traitement parallèle).

Traitement séquentiel

Le traitement séquentiel renvoie à la situation suivante : un client ayant des troubles concomitants ne peut pas recevoir de traitement d'une partie du système de santé (p. ex., le système de santé mentale) tant que l'autre problème (p. ex., la consommation d'alcool ou d'autres drogues) n'a pas été réglé ou stabilisé.

Le traitement séquentiel présente les inconvénients suivants :
* Le problème non traité continue d'avoir un effet sur le problème en cours de traitement.
* Les fournisseurs de services de santé mentale et de services liés à l'utilisation d'une substance peuvent ne pas être d'accord sur le problème (maladie mentale ou utilisation d'une substance) qui devrait être traité en priorité.
* Il est difficile de déterminer le moment où un problème a été « traité avec succès » et où on peut commencer à traiter l'autre problème.
* Dans bien des cas, le client n'est pas orienté vers un fournisseur pouvant traiter l'autre problème.

Traitement parallèle

Le traitement parallèle renvoie à la situation suivante : les troubles de santé mentale et les troubles liés à l'utilisation d'une substance sont traités simultanément, mais par des équipes ou des professionnels différents (qui travaillent souvent pour des organismes différents, mais parfois pour le même organisme).

Le traitement parallèle présente les inconvénients suivants :
* Dans bien des cas, les traitements pour les problèmes de santé mentale et liés à l'utilisation d'une substance ne forment pas un tout cohésif. Par exemple :
  – Un grand nombre de services liés à l'addiction estiment que la *réduction* ou même la *surveillance* de l'utilisation d'une substance est un objectif réaliste pour les clients

au début du traitement. Toutefois, certains responsables de programmes de santé mentale demandent à leurs clients de cesser de consommer de l'alcool ou d'autres drogues avant de commencer le traitement.

– Les médicaments ont des effets bénéfiques pour un grand nombre de clients ayant des problèmes de santé mentale. Toutefois, certains responsables de programmes liés à l'utilisation d'une substance veulent que leurs clients cessent de prendre toute drogue et tout médicament, y compris ceux utilisés pour traiter les problèmes de santé mentale.

• Dans certains cas, les fournisseurs de traitements ne communiquent pas entre eux.
• La responsabilité de coordonner les plans de traitement du problème lié à l'utilisation d'une substance et du problème de santé mentale peut retomber sur le client et sa famille.
• Il se peut que le client ne satisfasse pas aux critères d'admissibilité lorsqu'il essaie de se prévaloir des programmes d'un système ou de l'autre. Si cela se produit, il ne recevra aucun service.

POINTS D'ACCÈS

Il peut être difficile de trouver un programme convenant à votre parent, et ce pour plusieurs raisons :
• Dans un grand nombre de localités, il n'y a pas de services spécialisés intégrés d'évaluation et de traitement des troubles concomitants complexes.
• À certains endroits, les listes d'attente pour les services spécialisés sont trop longues.
• Il se peut que les critères d'admission des services et des programmes de santé mentale et les critères liés à l'utilisation d'une substance excluent les clients ayant des troubles concomitants.
• Dans un grand nombre de localités, il peut être difficile de trouver des psychiatres ou des psychologues cliniciens en mesure de poser des diagnostics psychiatriques.
• Il se peut que le traitement requis ne soit pas disponible, même si vous-même, votre parent ou votre médecin savez quel traitement serait le plus bénéfique.

Mais il faut bien commencer quelque part. Parlons donc d'abord des points d'accès au système les plus courants.

Médecins de famille et psychiatres

Les médecins de famille, également appelés médecins généralistes, sont souvent les premiers professionnels à qui les gens s'adressent pour parler d'un problème de santé mentale. Le médecin peut examiner votre parent et écarter tout problème physique qui pourrait aggraver ou affecter ses changements d'humeur, de pensée ou de comportement. Certains médecins peuvent effectuer une évaluation psychiatrique complète, particulièrement dans le cas des troubles les plus courants tels que la dépression et l'anxiété. Dans certains cas, le médecin suggérera au patient de consulter un psychiatre.

Dans presque tous les cas, il faut obtenir une recommandation d'un médecin pour consulter un psychiatre. Un grand nombre de médecins de famille ont une liste de psychiatres vers lesquels ils peuvent diriger leurs patients. Après avoir pris rendez-vous, il faut généralement attendre deux ou trois mois avant de consulter le psychiatre. **Si vous-même ou votre parent n'êtes pas d'accord avec le diagnostic qui a été posé, votre parent devrait demander à son médecin de famille de lui recommander un autre psychiatre afin d'obtenir l'opinion d'un deuxième spécialiste.** La plupart des médecins acceptent que leurs patients demandent l'avis d'une autre personne et peuvent même le suggérer.

Organismes communautaires de santé mentale

Les organismes communautaires peuvent eux aussi effectuer des évaluations. Le type d'évaluation dépendra du fournisseur de services de santé qui est disponible. Il peut s'agir d'un médecin, d'un psychologue, d'un travailleur social ou d'une infirmière. Dans les petites localités et les régions rurales, vous consulterez sans doute un intervenant communautaire en santé mentale, qui s'efforcera de trouver les services répondant à vos besoins.

Organismes offrant des services liés à l'utilisation d'une substance

La plupart de ces organismes acceptent les personnes qui se présentent sans recommandation. Ils effectuent une évaluation initiale, puis dirigent la personne vers le fournisseur de soins (p. ex., pour un traitement en milieu communautaire, un traitement en établissement ou la gestion du sevrage) pouvant répondre à ses besoins. Cette évaluation devrait comprendre le dépistage des problèmes de santé mentale. Il se peut que la personne soit orientée vers un programme de traitement de la maladie mentale ou un programme spécialisé de traitement des troubles concomitants.

Service des urgences des hôpitaux

Si votre parent est dans une situation de crise, vous pouvez l'amener à l'urgence d'un hôpital. Si la situation ne nécessite pas de soins médicaux immédiats, il se peut que la prochaine étape consiste à soumettre votre parent à une évaluation plus détaillée faite par un travailleur à l'intervention d'urgence. Dans bien des cas, il s'agit d'une infirmière ou d'un travailleur social. (Pour de plus amples renseignements sur les traitements d'urgence, reportez-vous au chapitre 10.)

La section sur les points d'accès est adaptée des renseignements fournis dans *Défis et décisions : Trouver des services de santé mentale en Ontario*. Vous pouvez consulter ce document à www.camh.net/fr/Care_Treatment/Resources_clients_families_friends/Challenges_and_Choices/index.html.

ConnexOntario

Connex*Ontario* est un service bilingue d'information et de renvoi offert aux particuliers et aux professionnels de l'Ontario qui cherchent des traitements parce qu'eux-mêmes, un membre de leur famille, un ami ou un client ont des problèmes d'addiction ou de santé mentale. Des spécialistes fournissent des renseignements et des conseils adaptés à la situation de chaque personne qui leur téléphone.

Numéros sans frais d'interurbains :

Drogue et alcool – Répertoire des traitements : 1 800 565-8603

Service Info Santé mentale : 1 866 531-2600

Ligne ontarienne d'aide sur le jeu problématique : 1 888 230-3505

Ces services d'information sont accessibles 24 heures sur 24, sept jours sur sept. Pour de plus amples renseignements, consulter le site Connex*Ontario* à www.connexontario.ca.

Questions à poser à l'organisme de traitement

- Quelles sont votre philosophie et vos méthodes de traitement ?
- Orientez-vous vos clients vers d'autres organismes s'ils ont besoin de certains services de santé mentale ou de services liés à l'utilisation d'une substance ? Dans l'affirmative, qui est responsable de la coordination générale des services ?
- Quel pourcentage de vos clients ont des problèmes cooccurrents de santé mentale et liés à l'utilisation d'une substance ?
- Quelle est votre politique au sujet du traitement par médication ?
- Le programme répond-il à un large éventail de besoins (p. ex., sur le plan social et médical) ?
- Quel est le rôle des membres de la famille dans le traitement de leur parent ?
- Offrez-vous des services et des orientations aux membres de la famille ?

DÉPISTAGE, ÉVALUATION ET DIAGNOSTIC

Dépistage

Le dépistage a pour but de déterminer si une personne *pourrait* avoir un problème de santé mentale ou un problème lié à l'utilisation d'une substance et si elle devrait faire l'objet d'une évaluation approfondie.

Les personnes qui travaillent dans les domaines de la santé mentale et de l'utilisation d'une substance devraient s'attendre à voir des personnes ayant des troubles concomitants ; elles ne devraient pas penser que ces problèmes sont l'exception. Toutefois, certains organismes de santé mentale n'évaluent pas leurs clients pour déterminer s'ils ont un problème lié à l'utilisation d'une substance et certains organismes qui fournissent des services liés à l'utilisation d'une substance n'évaluent pas leurs clients pour déterminer s'ils ont des problèmes de santé mentale. Lorsque votre parent commencera son traitement, demandez aux responsables si ces deux types de problèmes ont été envisagés.

Évaluation

En général, l'évaluation commence par une conversation avec le fournisseur de services de santé. Il faut souvent remplir un questionnaire pendant l'entrevue d'évaluation. Le fournisseur de traitements cherche à déterminer l'interaction entre les problèmes de santé mentale et les problèmes liés à l'utilisation d'une substance. Pendant l'évaluation, on discute souvent des points suivants avec le client :
- les raisons pour lesquelles il demande de l'aide, le type d'aide qu'il veut obtenir et ce qui l'a aidé dans le passé ;
- son état de santé physique ;
- les problèmes généraux qu'il éprouve, les pensées et les sentiments troublants qui l'animent, les problèmes liés à l'utilisation d'une substance avec lesquels il est aux prises et depuis combien de temps durent ces problèmes ;
- s'il a été victime ou témoin d'actes de violence (p. ex., agression physique ou sexuelle, guerre), même si ces actes sont survenus il y a plusieurs années ;
- s'il y a des antécédents de problèmes de santé mentale ou de problèmes liés à l'utilisation d'une substance dans sa famille ;
- comment est sa vie (p. ex., comment il se sent, ce à quoi il pense, s'il dort bien, s'il fait de l'exercice, s'il participe à des activités sociales, si les choses vont bien à l'école ou au travail, comment sont ses relations avec ses amis et sa famille) ;
- s'il s'est établi au Canada au cours des dernières années et s'il vient d'un pays en guerre ;
- s'il prend des médicaments.

Le client et le fournisseur de traitements utilisent les renseignements recueillis lors de l'évaluation pour élaborer un plan de traitement.

Diagnostic

Il n'est pas toujours nécessaire qu'un diagnostic ait été posé pour commencer un traitement. Toutefois, le diagnostic peut aider à orienter le traitement. Par exemple, le diagnostic peut permettre de déterminer quel type de thérapie serait le plus utile et si des médicaments pourraient atténuer le problème.

Même si un diagnostic préliminaire est posé, il peut changer ou être interprété différemment par d'autres fournisseurs de soins de santé pendant le traitement de votre parent. Il est souvent difficile de déterminer si les symptômes sont attribuables à l'utilisation d'une substance ou à un problème de santé mentale. Le seul moyen de le déterminer consiste à suivre l'évolution des symptômes.

> *Il est très difficile de déterminer quels sont les problèmes quand il s'agit de maladie mentale et d'abus d'une substance. Les choses sont beaucoup plus claires avec le cancer. Je pense que, bien souvent, même les psychiatres ne sont pas certains. Ils peuvent croire que le diagnostic est exact mais, souvent, ils réservent leur pronostic. Cela n'aide pas les familles qui savent que la maladie peut être traitée avec des médicaments. Il faut que nous considérions tous la maladie mentale comme quelque chose qui peut être traitée afin de donner de l'espoir aux gens ! Avoir de l'espoir change la situation du tout au tout.*

PLANIFICATION DU TRAITEMENT

Il n'y a pas de programme ni d'intervention unique pouvant être utilisé pour toutes les personnes qui ont des troubles concomitants. Le plan de traitement doit être adapté aux besoins particuliers du client. Il doit :
• cerner les problèmes qu'il faut régler ;
• établir des objectifs à court et à long terme ;
• définir les mesures et les interventions qui permettront d'atteindre ces objectifs.

Dans un grand nombre de cas, le traitement comprend des mesures d'aide sur le plan de l'emploi, du logement, des finances, des loisirs et des soins personnels de base. L'intervenant qui effectue l'évaluation peut recommander que votre parent consulte un thérapeute ou prenne des médicaments. Pour beaucoup de personnes, la participation aux séances d'un groupe d'entraide est un volet important du traitement. La personne peut décider qu'elle a simplement besoin d'aide en période de stress. Le but ultime du traitement est de permettre à la personne de déterminer ce qui constitue un avenir prometteur pour elle et de trouver les moyens de mener une vie saine.

Participation de la famille

En général, c'est la famille qui prodigue les soins au jour le jour. Par conséquent, elle devrait dans la mesure du possible participer à la planification du traitement. Dans bien des cas, la famille peut fournir des renseignements dont l'équipe de traitement devrait tenir compte lors de la planification du traitement. De plus, il se peut que la famille ne voie pas les choses de la même façon que le client ou l'équipe de traitement.

Le niveau de participation de la famille dépendra du client. Les fournisseurs de traitements et les familles ont indiqué que des politiques vagues concernant la confidentialité sont un des obstacles à la participation des familles. **Le fournisseur de traitements ne peut pas vous faire part de renseignements concernant votre parent sans l'accord de ce dernier.** Le fournisseur de traitements devrait demander au client s'il accepte que sa famille participe à la planification et à la prestation du traitement. Or, un grand nombre de fournisseurs ne le font pas. Il est donc préférable que vous en parliez à votre parent et que vous disiez à l'équipe de traitement quel arrangement vous avez pris avec votre parent. Demandez à ce que cet arrangement soit inscrit dans le dossier de traitement de votre parent. Si plusieurs organismes dispensent des soins à votre parent, assurez-vous que chacun d'entre eux est mis au courant et a les renseignements nécessaires dans ses dossiers. Vous devrez peut-être aborder la question vous-même, car il se peut que chaque organisme suppose qu'un autre membre de l'équipe de traitement a discuté du sujet avec votre parent.

En vous renseignant sur les problèmes de santé mentale et liés à l'utilisation d'une substance, il vous sera plus facile de déterminer quel type de renseignement sera utile à l'équipe de traitement. Pour vous aider dans cette tâche, vous pouvez dresser une liste de questions et de préoccupations. Soyez concis et utilisez un langage neutre. Si possible, vous devriez consulter votre parent pour déterminer quels renseignements inclure.

SI VOTRE PARENT NE VEUT PAS QUE VOUS PARTICIPIEZ À SON TRAITEMENT

Même si votre parent ne veut pas qu'on vous fournisse des renseignements concernant son traitement, l'équipe de traitement peut discuter avec vous de :
• la nature des problèmes de santé mentale et liés à l'utilisation d'une substance ;
• la façon de réagir aux comportements troublants ;
• la façon d'obtenir de l'aide en cas d'urgence ;
• la façon d'obtenir de l'aide pour vous-même.

De plus, le fournisseur de traitements peut prendre note de vos observations. Abstenez-vous de faire des recommandations concernant le traitement. N'oubliez pas que vous n'êtes pas le médecin traitant ni le psychiatre ! Laissez à l'équipe de traitement le soin de tirer des conclusions à partir des renseignements que vous lui fournirez.

Figure 7-1 : Exemple de fiche de renseignements fournis par la famille

Renseignements fournis à :

Nom du client :

Formulaire rempli par :

Lien avec le client :

Date :

Questions qui me préoccupent :

1.

2.

3.

4.

5.

Événement de la vie ou situation familiale survenu récemment qui aurait pu aggraver les problèmes de santé mentale ou les problèmes liés à l'utilisation d'une substance.

1.

2.

3.

4.

5.

Si votre parent ne veut pas que vous participiez à son traitement, demandez-lui régulièrement s'il a changé d'idée ou dites-lui à nouveau que vous aimeriez jouer un rôle plus actif.

Questions à poser au sujet du plan de traitement

Voici des questions que vous pouvez poser au sujet du plan de traitement si votre parent a accepté que vous participiez à son traitement :
- Quel est le diagnostic provisoire ?
- Quelles sont les causes possibles des problèmes de mon parent ?
- Quel est le traitement proposé ?
- Quels sont les avantages et les risques du traitement ?
- Existe-t-il d'autres traitements ?
- Que peut-on faire si le traitement ne fonctionne pas ?

Faire le suivi du traitement

Un grand nombre de personnes ayant des troubles concomitants suivent un traitement de longue durée. Nous vous recommandons d'inscrire les renseignements concernant le traitement dans un tableau. Cela vous sera utile lorsque vous vous entretiendrez avec l'équipe de traitement.

REGISTRE DU TRAITEMENT

Type de traitement	Fournisseur de traitements	Personne à contacter	Questions traitées	Date de début / fin	Commentaires

TRAITEMENT

Dans le passé, les traitements dispensés aux personnes ayant de graves problèmes de santé mentale et liés à l'utilisation d'une substance étaient généralement axés sur les limites et les déficiences associées aux problèmes de santé mentale et ne tenaient pas compte des forces que ces personnes pouvaient puiser en elles pour atteindre les objectifs qu'elles s'étaient fixés. On a constaté que le traitement est plus efficace lorsqu'on détermine les objectifs et les capacités de la personne, ainsi que les ressources personnelles et communautaires à sa disposition pour atteindre ses objectifs.

Approches motivationnelles du traitement

Les approches motivationnelles peuvent être plus efficaces que les méthodes traditionnelles consistant à travailler avec la personne aux prises avec des troubles concomitants. En outre, les approches motivationnelles encouragent les gens à se fixer des objectifs, leur donnent de l'espoir et les amènent à prendre un engagement à l'égard du changement et du rétablissement.

Certaines personnes qui amorcent une thérapie sont déterminées à changer leur vie et prêtes à parler des raisons pour lesquelles elles souhaitent apporter ces changements. Toutefois, beaucoup de personnes ne sont pas suffisamment motivées pour changer. Cela s'explique de plusieurs façons :
• Elles n'admettent pas qu'elles éprouvent des problèmes.
• Les personnes aux prises avec des troubles concomitants sont plus susceptibles que d'autres d'avoir essayé de changer sans y parvenir.
• L'interaction entre leurs problèmes de santé mentale et leurs problèmes liés à l'utilisation d'une substance fait en sorte qu'il leur est plus difficile de suivre un plan de traitement.
• Elles sont plus susceptibles que d'autres clients de penser qu'elles peuvent difficilement améliorer leur situation.
• Elles peuvent penser que l'utilisation d'une substance soulage leurs autres symptômes et atténue leur détresse.

Il est normal d'être ambivalent au sujet d'un comportement. La perception qu'ont les gens des coûts et des avantages d'un comportement détermine en partie s'ils maintiendront ou modifieront ce comportement.

Les approches motivationnelles font appel à la façon dont le client perçoit ses problèmes de santé mentale et liés à l'utilisation d'une substance pour établir le point de départ du traitement. Pour ce faire, le thérapeute doit déterminer quelle est la perception du client. Dans bien des cas, cela l'amène à se pencher sur des questions pratiques qui préoccupent le client, par exemple sur le plan de la santé et la sécurité (trouver un logement), même si le client n'est pas prêt à changer les comportements qui peuvent aggraver le problème. Ce n'est pas parce qu'il reconnaît la perception et le style de vie du client que le thérapeute accepte nécessairement cette perception. À long terme, on souhaite aider le client à se fixer des objectifs qui ne peuvent être atteints pour l'instant en raison de son style de vie. Toutefois, il se peut que, à court terme, la famille ou d'autres personnes comme l'employeur ne comprennent pas pourquoi le client et le thérapeute ne s'attaquent pas directement aux problèmes de santé mentale et liés à l'utilisation d'une substance.

Activité 7-1 : Étudier l'ambivalence au sujet du changement

Une des techniques de base de l'approche motivationnelle consiste à comparer les avantages et les coûts du maintien du comportement à ceux du changement de comportement. C'est ce que les thérapeutes appellent le *bilan décisionnel*.

Songez aux avantages et aux coûts de l'utilisation d'une substance du point de vue de votre parent. Cela pourrait vous aider à comprendre pourquoi il utilise une substance ou hésite à se faire traiter.

Les avantages, pour mon parent, de continuer à consommer de l'alcool ou d'autres drogues pourraient comprendre les suivants :	Les coûts, pour mon parent, de continuer à consommer de l'alcool ou d'autres drogues pourraient comprendre les suivants :
Les avantages, pour mon parent, de modifier sa consommation d'alcool ou d'autres drogues pourraient comprendre les suivants :	Les coûts, pour mon parent, de changer sa consommation d'alcool ou d'autres drogues pourraient comprendre les suivants :

Motivation et objectifs liés à l'utilisation d'une substance

Dans bien des cas, l'abstinence est le meilleur objectif à long terme que peuvent se fixer les personnes aux prises avec des troubles concomitants. En effet, si elles continuent à consommer de l'alcool ou d'autres drogues, elles risquent d'aggraver leurs problèmes émotionnels et de santé mentale et de mettre en péril leur bien-être physique et psychologique. Toutefois, un grand nombre de personnes disent qu'elles n'ont pas assez confiance en elles-mêmes et n'ont pas les compétences nécessaires, du moins au début, pour réduire leur consommation ou y mettre fin. Par conséquent, lorsque les cliniciens travaillent avec une personne ayant de graves problèmes de santé mentale et liés à l'utilisation d'une substance, ils se fixent souvent comme objectif à court terme d'atténuer les effets les plus nocifs de l'utilisation de la substance tout en établissant une relation de travail solide avec le client. Cette relation, qui repose sur la confiance, peut aider le client à comprendre les effets négatifs de son utilisation de la substance et à se motiver en vue d'y mettre fin. Cette approche, qui n'oblige pas le client à s'engager à ne pas utiliser la substance s'il veut obtenir de l'aide, s'appelle la *réduction des méfaits*.

ÉTAPES DU CHANGEMENT

Il faut franchir plusieurs étapes pour changer un comportement (Pruchaska et coll., 1992). En déterminant à quelle étape un client se situe, le clinicien pourra décider de l'intervention la plus susceptible de réussir pour les besoins du traitement et du rétablissement.

Le modèle de changement compte cinq étapes :
- inaction ;
- prise de conscience ;
- préparation ;
- action ;
- maintien.

Certaines personnes passent d'une étape à l'autre sans interruption. D'autres progressent rapidement au début puis ralentissent ou s'arrêtent pendant un certain temps. Dans bien des cas, les clients font une rechute (reprennent les comportements problématiques), reviennent à une étape antérieure puis vont à nouveau de l'avant.

Tableau 7-1 : Étapes du changement

ÉTAPE	EXEMPLE
Inaction	« Je ne pense pas avoir de problème. »
Prise de conscience	« Je ne suis pas certain, mais j'ai peut-être un problème. »
Préparation	« Je pense avoir un problème, mais je ne sais pas quoi faire pour le régler. »
Action	« J'ai un problème et je veux le régler. Je sais à qui m'adresser pour obtenir de l'aide si nécessaire. »
Maintien	« J'ai fait les changements nécessaires et je veux qu'on m'aide à les maintenir. »

ÉTAPES DU TRAITEMENT

Le modèle des étapes du changement décrit le processus du changement de comportement. Il faut adapter les stratégies de traitement au désir de la personne de changer. Des chercheurs ont créé un modèle complémentaire des étapes du traitement, qui compte quatre étapes principales :
• l'engagement ;
• la persuasion ;
• le traitement actif ;
• la prévention de la rechute.

Tableau 7-2 : Étapes du traitement

ENGAGEMENT			
Étape du changement	Situation actuelle	Objectif de traitement	Interventions cliniques (exemples)
Inaction	La personne ne consulte pas régulièrement un clinicien.	Nouer avec la personne une relation thérapeutique axée sur la confiance.	• Aide pratique (p. ex., nourriture, vêtements, aide financière) • Intervention en cas de crise • Stabilisation des symptômes psychiatriques (p. ex., gestion de la pharmacothérapie)

PERSUASION			
Étape du changement	Situation actuelle	Objectif de traitement	Interventions cliniques (exemples)
Prise de conscience Préparation	La personne consulte régulièrement un clinicien, mais ne veut pas réduire son utilisation d'une substance.	Sensibiliser la personne au fait que son utilisation d'une substance est problématique et accroître sa motivation à changer.	• Sensibilisation de la personne ou de sa famille • Entretien motivationnel

TRAITEMENT ACTIF			
Étape du changement	Situation actuelle	Objectif de traitement	Interventions cliniques (exemples)
Action	La personne est motivée et veut réduire son utilisation d'une substance.	Aider le client à réduire davantage son utilisation d'une substance et, si possible, à en cesser l'usage.	• Counseling individuel (p. ex., thérapie cognitivo-comportementale) • Groupes de pairs (p. ex., thérapie de groupe) • Acquisition d'aptitudes sociales

PRÉVENTION DE LA RECHUTE			
Étape du changement	Situation actuelle	Objectif de traitement	Interventions cliniques (exemples)
Maintien	La personne n'éprouve aucun problème lié à l'utilisation d'une substance depuis au moins six mois (ou la personne a cessé d'utiliser une substance).	Continuer de sensibiliser la personne au fait qu'elle peut faire une rechute et l'aider à régler d'autres questions dans sa vie (p. ex., relations avec sa famille et d'autres personnes, activités sociales, travail et études).	• Groupes de pairs (thérapie de groupe ou groupes de prévention de la rechute) • Groupes d'entraide (p. ex., Alcooliques Anonymes, Mood Disorders Association of Ontario) • Techniques de résolution de problèmes pour la famille

Tableau 7-3 : Étapes du traitement et collaboration avec la famille

ENGAGEMENT		
Situation actuelle	**Objectif de collaboration avec la famille**	**Ce à quoi la famille devrait s'attendre**
Les membres de la famille sont en contact avec un gestionnaire de cas ou un conseiller et sont en train de nouer une relation de travail.	Communiquer régulièrement avec la famille et établir une alliance entre le clinicien et la famille.	• Recevoir de l'information sur les troubles de santé mentale et liés à l'utilisation d'une substance. • Recevoir des encouragements selon lesquels des changements sont possibles. • Être entendue et appuyée.

PERSUASION		
Situation actuelle	**Objectif de collaboration avec la famille**	**Ce à quoi la famille devrait s'attendre**
La famille a établi une relation avec un gestionnaire de cas ou un conseiller et discute des problèmes de santé mentale et liés à l'utilisation d'une substance du parent. La famille peut participer à la surveillance du parent et l'aider à commencer à réduire son utilisation d'une substance.	• Aider les membres de la famille à se rendre compte que la consommation d'alcool ou d'autres drogues de leur parent est problématique. • Aider les membres de la famille à reconnaître le lien entre l'utilisation d'une substance chez le parent et son problème de santé mentale. • Aider la famille à comprendre qu'il faut régler ces deux problèmes.	• Recevoir des renseignements plus précis sur les effets de l'utilisation d'une substance sur la maladie mentale et l'interaction entre ces deux maladies. • Recevoir de l'aide et des encouragements pour obtenir un soutien social auprès de sources externes. • Recevoir de l'aide pour régler les problèmes avec lesquels la famille est aux prises et qui sont liés à la maladie mentale et à l'utilisation d'une substance.

TRAITEMENT ACTIF		
Situation actuelle	**Objectif de collaboration avec la famille**	**Ce à quoi la famille devrait s'attendre**
La famille participe au traitement, aide le parent à réduire son utilisation d'une substance ou à y mettre fin, suit certains aspects de son plan de traitement, et aide le parent à éviter les situations à risque élevé ainsi qu'à atténuer les facteurs de stress.	Aider la famille à élaborer des stratégies permettant de réduire l'utilisation d'une substance et à suivre certains aspects du plan de traitement du parent.	• Obtenir de l'aide pour modifier les styles de communication qui causent un stress et qui peuvent encourager le parent à utiliser une substance. • Obtenir des renseignements sur les types de thérapies utilisées pour traiter les problèmes concomitants de santé mentale et liés à l'utilisation d'une substance et sur les moyens d'accéder à ces thérapies.

PRÉVENTION DE LA RECHUTE		
Situation actuelle	**Objectif de collaboration avec la famille**	**Ce à quoi la famille devrait s'attendre**
Les membres de la famille continuent d'appuyer leur parent et de lui accorder une aide pratique afin qu'il évite les substances donnant lieu à un abus et qu'il suive son plan de traitement.	• Aider la famille à demeurer consciente de la vulnérabilité du parent à une rechute. • Aider la famille à miser sur les progrès réalisés par le parent en aidant ce dernier à améliorer d'autres aspects de sa vie.	• Examiner périodiquement les progrès réalisés par la famille et les facteurs de risque associés à la réapparition des problèmes de santé mentale ou des problèmes liés à l'utilisation d'une substance. • Obtenir des renseignements sur la façon d'améliorer d'autres aspects du fonctionnement du parent – par exemple la capacité de nouer des liens, le rendement au travail ou à l'école, l'autogestion de la santé, les aptitudes à la vie autonome et les activités récréatives saines.

Activité 7-2 : Outil d'évaluation de l'état de préparation de la famille au changement face aux troubles concomitants

Cet outil pourrait vous aider à déterminer dans quelle mesure vous êtes prêt à changer certains gestes et croyances associés à la présence de troubles concomitants chez un être cher.

En utilisant la règle ci-dessous, indiquez dans quelle mesure vous êtes prêt à faire des changements dans les domaines indiqués. Si vous n'êtes pas du tout prêt à faire un changement, encerclez le 1. Si vous essayez de toutes vos forces de faire un changement, encerclez le 11. Si vous n'êtes pas certain de vouloir ou non effectuer un changement, encerclez le 3, le 4 ou le 5. Si un énoncé ne s'applique pas à votre situation, encerclez « Ne s'applique pas » dans la case de droite.

Dans quelle mesure suis-je **prêt** à...

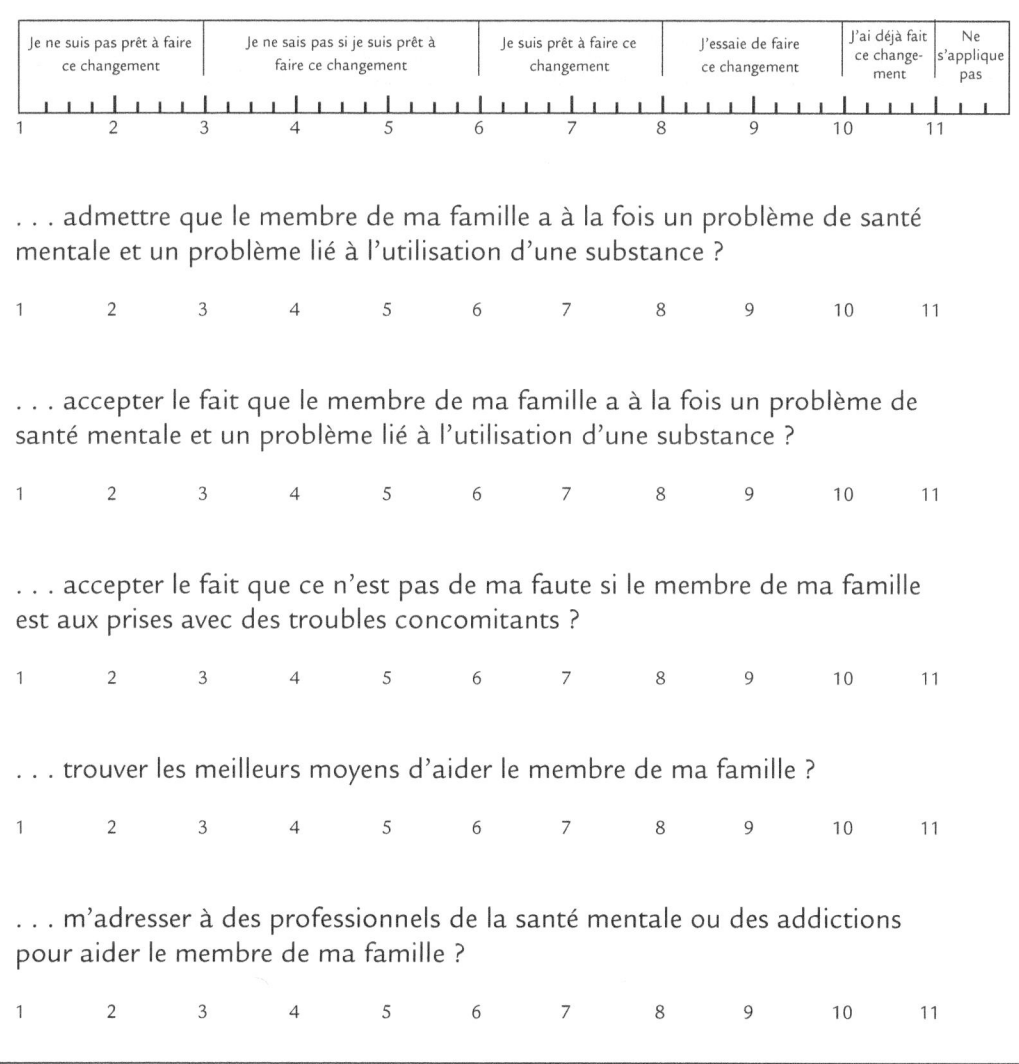

Je ne suis pas prêt à faire ce changement	Je ne sais pas si je suis prêt à faire ce changement	Je suis prêt à faire ce changement	J'essaie de faire ce changement	J'ai déjà fait ce change-ment	Ne s'applique pas

1   2   3   4   5   6   7   8   9   10   11

. . . admettre que le membre de ma famille a à la fois un problème de santé mentale et un problème lié à l'utilisation d'une substance ?

1   2   3   4   5   6   7   8   9   10   11

. . . accepter le fait que le membre de ma famille a à la fois un problème de santé mentale et un problème lié à l'utilisation d'une substance ?

1   2   3   4   5   6   7   8   9   10   11

. . . accepter le fait que ce n'est pas de ma faute si le membre de ma famille est aux prises avec des troubles concomitants ?

1   2   3   4   5   6   7   8   9   10   11

. . . trouver les meilleurs moyens d'aider le membre de ma famille ?

1   2   3   4   5   6   7   8   9   10   11

. . . m'adresser à des professionnels de la santé mentale ou des addictions pour aider le membre de ma famille ?

1   2   3   4   5   6   7   8   9   10   11

Je ne suis pas prêt à faire ce changement		Je ne sais pas si je suis prêt à faire ce changement			Je suis prêt à faire ce changement			J'essaie de faire ce changement		J'ai déjà fait ce change-ment	Ne s'applique pas

1   2   3   4   5   6   7   8   9   10   11

. . . m'adresser à des professionnels de la santé mentale ou des addictions pour qu'on me vienne en aide ?

1   2   3   4   5   6   7   8   9   10   11

. . . m'adresser à un groupe d'entraide (p. ex., AA, Dual Recovery, etc.) pour aider le membre de ma famille ?

1   2   3   4   5   6   7   8   9   10   11

. . . m'adresser à un groupe de soutien familial (p. ex., Al-Anon, Mood Disorders Association of Ontario) pour qu'on me vienne en aide ?

1   2   3   4   5   6   7   8   9   10   11

. . . demander de l'aide pour le membre de ma famille ou moi-même malgré les préjugés associés aux troubles concomitants ?

1   2   3   4   5   6   7   8   9   10   11

. . . m'attaquer aux autres obstacles qui m'empêchent de participer à une intervention familiale organisée par un professionnel ou un groupe d'entraide ?

1   2   3   4   5   6   7   8   9   10   11

. . . m'engager à prendre soin de moi et à en faire une priorité ?

1   2   3   4   5   6   7   8   9   10   11

. . . reconnaître et accepter mes forces et mes limites ?

1   2   3   4   5   6   7   8   9   10   11

. . . accepter le fait que les personnes aux prises avec des troubles concomitants font souvent des rechutes pendant leur rétablissement

1   2   3   4   5   6   7   8   9   10   11

APPROCHES EN MATIÈRE DE TRAITEMENT

Le traitement des troubles concomitants comprend les traitements psychosociaux (dont il est question dans le présent chapitre) et la médication (dont on discute au chapitre 8). L'un ou l'autre ou ces deux traitements peuvent être administrés aux clients.

Types de thérapie

La *thérapie individuelle* permet au thérapeute de se concentrer exclusivement sur le client sans être distrait par la présence d'autres personnes. Elle est particulièrement utile pour établir une relation de travail étroite, examiner la motivation et les objectifs du client et déterminer les objectifs personnels d'intervention.

La *thérapie de groupe* (groupes dirigés par des professionnels) encourage les clients à se soutenir les uns les autres et leur fournit des modèles de comportement positif au début du traitement. En général, il y a au plus dix personnes et deux thérapeutes par groupe. Le groupe permet de créer une atmosphère où les clients se sentent à l'aise et sont libres de discuter de questions telles que les relations familiales, les effets secondaires des médicaments et la rechute.

PSYCHOÉDUCATION

On entend par psychoéducation le fait de fournir des renseignements sur la santé mentale et l'utilisation d'une substance. Les personnes qui comprennent leurs problèmes sont mieux en mesure de faire des choix éclairés. Lorsqu'ils ont les connaissances nécessaires, les clients et leur famille peuvent plus facilement composer avec leurs problèmes, trouver des moyens d'éviter les problèmes à l'avenir et élaborer un plan favorisant le rétablissement.

Tous les clients ayant des troubles concomitants devraient participer à un programme de psychoéducation au début de leur traitement. Certaines personnes peuvent avoir de la difficulté à assimiler les renseignements qu'elles reçoivent au début de leur traitement ou à s'en souvenir plus tard. À mesure qu'elles se rétablissent, le programme de psychoéducation peut leur être plus utile. Il se peut que ce programme soit le seul traitement nécessaire si les problèmes ne sont pas très graves.

Lors des séances de psychoéducation, on discute notamment des questions suivantes :
• les causes des problèmes de santé mentale et liés à l'utilisation d'une substance ;
• comment traiter les problèmes ;
• comment gérer (si possible) les problèmes soi-même ;
• comment éviter que les problèmes ne réapparaissent.

PSYCHOTHÉRAPIE

La psychothérapie, également appelée thérapie par la parole, aide les gens à faire face à leurs problèmes en examinant leurs façons de penser, d'agir et d'interagir avec d'autres personnes.

Certains types de psychothérapie conviennent mieux à certains problèmes. La psychothérapie peut être de courte ou de longue durée.

La thérapie de courte durée a une structure et un but précis. Le thérapeute joue un rôle actif et dirige le processus. En général, la thérapie compte entre dix et 20 séances.

D'habitude, dans le cadre d'une thérapie de longue durée, le thérapeute joue un rôle moins actif. De plus, le processus est moins structuré. Le traitement se poursuit généralement pendant au moins un an. Il vise à aider le client à régler des questions psychologiques majeures.

Pour que la thérapie soit couronnée de succès, il faut que le client se sente soutenu par le thérapeute, qu'il soit à l'aise avec lui et qu'il lui fasse confiance. Le thérapeute peut être un médecin, un travailleur social, un psychologue ou un autre professionnel. Il peut travailler dans un hôpital, une clinique ou un cabinet privé. Il y a plusieurs types de psychothérapie.

Thérapie cognitivo-comportementale

La thérapie cognitivo-comportementale (TCC) repose sur la théorie selon laquelle les pensées influencent considérablement les comportements. Le thérapeute aide le client à déterminer les pensées et les comportements qui n'apportent rien d'utile et à développer des aptitudes et des habitudes plus saines. Le client et le thérapeute fixent des objectifs et élaborent des stratégies. Entre les séances, le client doit s'exercer à utiliser les compétences dont il a discuté avec le thérapeute.

Formation aux aptitudes sociales

La formation aux aptitudes sociales fait appel à des techniques comme le jeu de rôles, l'imitation de rôles, l'accompagnement, le travail à la maison et la rétroaction pour aider le client à apprendre (ou à réapprendre) les aptitudes et les compétences interpersonnelles dont il a besoin.

Thérapie comportementale dialectique

La thérapie comportementale dialectique (TCD) est un type de thérapie cognitivo-comportementale utilisé pour traiter un large éventail de problèmes comportementaux. Lors des séances de TCD, le client examine l'influence de ses antécédents et de ses expériences sur la façon dont il contrôle ses émotions. La TCD s'inspire des techniques cognitivo-comportementales de l'Occident et de la philosophie Zen de l'Orient. Elle apprend au client à :

- prendre davantage conscience de ses pensées et de ses gestes ;
- supporter la détresse ;
- composer avec ses émotions ;
- mieux communiquer ;
- améliorer ses relations.

Prévention structurée de la rechute

La prévention structurée de la rechute (PSR) fait appel à une approche cognitivo-comportementale pour aider les personnes ayant des problèmes moyennement graves ou très graves à mieux contrôler leur consommation d'alcool et d'autres drogues.

Thérapie psychodynamique (ou thérapie par la compréhension de soi)

La thérapie psychodynamique, également appelée thérapie par la compréhension de soi, repose sur la théorie selon laquelle les processus inconscients (questions dont on ignore peut-être l'existence) influencent les comportements. Cette approche aide le client à se pencher sur les questions non réglées découlant de problèmes antérieurs sur le plan des relations.

Thérapie interpersonnelle

La thérapie interpersonnelle aide le client à mieux communiquer et interagir avec d'autres personnes ainsi qu'à :

- réfléchir à la façon dont il interagit avec autrui ;
- repérer les problèmes dans ses relations ;
- déterminer les changements qu'il pourrait apporter.

Un *groupe de thérapie interpersonnelle* met l'accent sur les interactions entre les membres d'un groupe.

Entretien motivationnel

L'entretien motivationnel (EM) motive le client à changer. Cette méthode a été mise au point pour venir en aide aux personnes ayant des problèmes liés à la consommation d'alcool et d'autres drogues. On s'en sert maintenant auprès des personnes ayant des problèmes comme la boulimie, l'hypertension, le diabète et les troubles concomitants.

Groupes d'entraide formés de pairs

Un groupe d'entraide formé de pairs réunit des personnes ayant des problèmes semblables. Les membres du groupe peuvent parler des défis qu'ils doivent relever dans un milieu sûr où ils sont soutenus. Il peut être bénéfique pour les personnes chez qui on a diagnostiqué récemment des troubles concomitants de prendre connaissance des expériences vécues par d'autres personnes. En général, les personnes qui font partie d'un tel groupe nouent des liens étroits entre elles.

Il y a des groupes d'entraide formés de pairs pour les clients et les familles. Double Trouble et Dual Recovery Anonymous sont deux groupes qui s'adressent aux clients. La Family Association for Mental Health Everywhere (FAME) a mis sur pied des groupes pour les familles. Bien que ces groupes soient connus sous le nom de *groupes d'entraide*, ils offrent en fait ce qu'on appelle un *soutien mutuel*.

Conseils pour évaluer les groupes d'entraide formés de pairs

La pluspart des organismes d'entraide / de soutien mutuel s'adressant aux familles s'occupent des questions de santé mentale (p. ex., la Mood Disorders Association of Ontario ou la Société de schizophrénie de l'Ontario) ou des questions liées à l'utilisation d'une substance (p. ex., Al-Anon). Toutefois, beaucoup de familles dont un parent est aux prises avec des troubles concomitants estiment qu'il leur est très bénéfique de faire partie d'un ou de plusieurs groupes mis sur pied par ces organismes.

Si vous décidez de vous joindre à un groupe, nous vous suggérons de l'évaluer afin de déterminer s'il répond à vos besoins et convient à votre situation.

Questions à poser au sujet d'un groupe d'entraide

- Le groupe accepte-t-il de nouveaux membres ?
- Les membres du groupe se respectent-ils ?
- Le groupe convient-il à ma situation, à mes préoccupations et à mes besoins ?
- Y a-t-il des conditions à remplir pour faire partie de ce groupe (p. ex., payer des droits d'adhésion) ?
- Le groupe respecte-t-il et inclut-il les familles qui ont des origines raciales et des croyances religieuses différentes, qui sont issues d'autres couches économiques et qui proviennent de divers milieux culturels ?
- Le groupe offre-t-il à la fois des séances d'information et des services de soutien ?

- Le groupe est-il permanent ou temporaire ?
- Le groupe a-t-il une attitude positive en ce qui concerne l'aide fournie aux familles par des professionnels ?
- Qui anime le groupe et comment le processus de groupe est-il géré ?

Si le groupe s'adresse aux familles dont un parent a des problèmes de santé mentale :
- Puis-je parler des problèmes de mon parent qui sont liés à l'utilisation d'une substance ?

Le groupe est-il disposé à envisager la réduction des méfaits comme un traitement possible dans le cas d'un problème lié à l'utilisation d'une substance ? Si le groupe s'adresse aux familles dont un parent a des problèmes liés à l'utilisation d'une substance :
- Puis-je parler des problèmes de santé mentale de mon parent ?
- Le groupe est-il en faveur de l'administration de médicaments pour traiter les problèmes de santé mentale ?

Thérapie pour les membres de la famille

Les membres de la famille peuvent eux aussi suivre une thérapie.

La thérapie familiale permet aux membres de la famille d'obtenir des conseils et de l'aide, et de se renseigner sur :
- les troubles concomitants ;
- la façon d'aider le client et de l'appuyer dans son traitement ;
- la façon de prendre soin d'eux-mêmes.

En général, le thérapeute travaille avec une famille à la fois. Toutefois, la thérapie familiale est parfois dispensée sous forme de séances de groupe réunissant des familles qui vivent une situation semblable. Les membres du groupe peuvent parler de leurs sentiments et de leurs expériences avec des familles qui les comprennent et les appuient.

Les interventions familiales tirent parti du réseau de soutien naturel du client. Elles peuvent mener à la création d'un milieu de vie ou d'un milieu familial qui encourage une utilisation réduite de la substance et le respect du programme de traitement du problème de santé mentale.

COORDINATION DU TRAITEMENT

Traitement communautaire dynamique

Le modèle de traitement communautaire dynamique (TCD) a été conçu pour répondre aux besoins des clients aux prises avec une maladie mentale grave, qui font souvent une rechute et doivent alors être hospitalisés à nouveau. Dans bien des cas, cela se produit parce qu'ils ne peuvent pas ou ne veulent pas se rendre à un centre de santé mentale de leur localité. L'équipe de TCD fournit, 24 heures sur 24, de l'information, du soutien et des services dans différents domaines, dont les suivants : la gestion du cas, l'évaluation, les soins psychiatriques, l'emploi, l'aide au logement, le soutien familial et le traitement des problèmes liés à l'utilisation d'une substance, ainsi que d'autres services qui aident le client à vivre dans la collectivité.

L'équipe de TCD peut comprendre un psychiatre, un psychologue, une infirmière psychiatrique, un travailleur social, une personne ayant un problème semblable et pouvant accorder un soutien, un gestionnaire de cas, un ludothérapeute, un spécialiste des addictions, ainsi qu'un spécialiste du travail ou un ergothérapeute qui aident le client à exécuter ses tâches quotidiennes. Certains membres de l'équipe ont des liens avec un hôpital et d'autres sont établis dans la collectivité.

En général, les membres de l'équipe de TCD rencontrent le client tous les jours dans la collectivité (p. ex., chez lui ou dans un café). Ils s'assurent qu'il reçoit des soins constants et bénéficie d'un soutien solide et permanent de la part des membres de l'équipe.

Dans la plupart des cas, il faut s'adresser à un organisme de santé mentale pour bénéficier des services de l'équipe de TCD. Comme c'est le cas pour bien d'autres services, les équipes de TCD sont plus répandues dans les villes et les grandes localités. En Ontario, on se sert des critères suivants pour déterminer quels clients bénéficieront en priorité des services de TCD :
• un diagnostic de schizophrénie, de trouble bipolaire ou d'un autre trouble psychotique a été posé ;
• le client a beaucoup de mal à vaquer à ses activités quotidiennes ;
• le client est aux prises avec des problèmes de longue durée (comme un trouble cooccurrent lié à l'utilisation d'une substance) qui nécessite au moins huit heures de services par mois.

Pour en savoir plus sur ces critères, se reporter au document intitulé *Normes du programme ontarien à l'intention des équipes de traitement communautaire dynamique* (www.health.gov.on.ca/french/publicf/pubf/ministry_reportsf/mentalhealthf/act_standard sf.pdf).

Gestion de cas

La gestion de cas cliniques est le modèle le plus courant utilisé pour coordonner et administrer le traitement des problèmes de santé mentale. Les objectifs généraux de ce modèle sont les suivants :
* évaluer les besoins du client ;
* déterminer et fournir les services permettant de répondre à ces besoins ;
* surveiller les résultats obtenus par le client afin de déterminer si le traitement a réussi ou si le client a besoin d'autres services.

Selon le modèle de TCD, la responsabilité de la prestation des services incombe aux membres de l'équipe. Selon le modèle de la gestion de cas, les services sont dispensés par le gestionnaire de cas. Toutefois, la gestion de cas est la plus efficace lorsque le gestionnaire fait partie d'une équipe de traitement multidisciplinaire comprenant un psychiatre et divers autres professionnels de la santé mentale (p. ex., des infirmières et des spécialistes de l'emploi).

SOINS PROLONGÉS

Les personnes aux prises avec des troubles concomitants devraient être prises en charge par une équipe qui les respecte et suit une démarche proactive pour leur venir en aide et appuyer leur famille. **Les soins prolongés ne signifient pas nécessairement que le client doit continuer de consulter régulièrement le conseiller mais plutôt que, du point de vue du conseiller, la porte est toujours ouverte et le client est toujours le bienvenu, même s'il n'a pas vu le conseiller depuis longtemps.**

À long terme, on vise un rétablissement stable et une transition menant à la fin du traitement. Comme les troubles concomitants sont souvent complexes, il peut y avoir plusieurs transitions entre les niveaux de soins (p. ex., entre les soins en établissement et les soins en clinique externe ; entre les soins en clinique externe et les soins dans la collectivité) avant d'en arriver au rétablissement. Il devrait incomber aux fournisseurs de traitements de gérer la transition et le suivi pour s'assurer que les nouvelles mesures qui ont été prises donnent les résultats escomptés. Toutefois, nous savons que c'est parfois la famille et le client qui doivent s'occuper de cette coordination.

La transition ou la planification de congé devrait débuter lorsque le client commence à recevoir des soins. Vous-même et votre parent devez y participer. Vous devriez vous assurer que l'équipe de traitement est consciente du niveau de soins que vous pouvez dispenser à votre parent et des services nécessaires qui sont en place pour combler les lacunes. Le plan de transition devrait prévoir un large éventail de services :
- gestion du cas ;
- garderie ;
- soutien financier ;
- logement ;
- services répondant aux besoins en matière de santé physique ;
- réseau de soutien.

Vous devez savoir comment accéder de nouveau aux services, si nécessaire, lorsque le traitement de votre parent aura pris fin.

> Questions à poser au sujet du plan de transition ou de mise en congé
> - A-t-on prévu une séance de suivi ? (Dans l'affirmative, prenez note de la date, de l'heure et de l'adresse de la séance, ainsi que du nom et du numéro de téléphone de la personne à contacter.)
> - Quels médicaments a-t-on prescrit à mon parent ? À quoi servent-ils ? Quelle est la dose de chaque médicament sur ordonnance ? Quand mon parent doit-il prendre ces médicaments ?
> - A-t-on déterminé les facteurs susceptibles de déclencher une rechute ?
>
> Si votre parent n'habite pas avec vous :
> - Quels sont les arrangements qui ont été faits pour le logement ?
> - A-t-on déterminé des ressources pouvant aider mon parent à retrouver un emploi, à retourner à l'école ou à reprendre sa formation professionnelle ?

Il faut déployer de nombreux efforts et faire preuve de détermination pour que les systèmes de traitement des problèmes de santé mentale et liés à l'utilisation d'une substance fonctionnent pour votre parent. **Vous devriez être considéré comme partenaire dans l'organisation et la prestation des soins dont votre parent a besoin. Vous devez donc vous renseigner sur les troubles concomitants et les traitements possibles, persévérer, poser des questions et continuer à en poser jusqu'à ce que vous obteniez les renseignements dont vous avez besoin.**

RÉFÉRENCES

PROCHASKA, J.O., C.C. DICLEMENTE ET J.C. NORCROSS. « In search of how people change: Applications to addictive behaviours », *American Psychologist*, vol. 47, n° 19 (1992), p. 1102–1114.

SANTÉ CANADA. *Meilleures pratiques : Troubles concomitants de santé mentale et d'alcoolisme et de toxicomanie*, Ottawa, Travaux publics et Services gouvernementaux du Canada, n° de catalogue H39-599/2001-2F, 2002.

Médication

8

Aperçu

- Pharmacothérapie pour les problèmes de santé mentale

- Pharmacothérapie pour les problèmes liés à l'utilisation d'une substance

- Gestion de la pharmacothérapie

- Abus de médicaments ou dépendance aux médicaments

- Interactions de médicaments et de drogues

- Traitement continu

- Mettre fin à la médication

PHARMACOTHÉRAPIE POUR LES PROBLÈMES DE SANTÉ MENTALE

La médication fait partie intégrante du programme de traitement d'un grand nombre de clients. Toutefois, il ne s'agit pas du seul traitement. Dans la plupart des cas, la médication est plus efficace si elle est conjuguée à certaines des interventions dont on a discuté au chapitre 7.

Dans bien des cas, les psychotropes aident à stabiliser l'état de santé des gens et à clarifier leurs pensées, ce qui leur permet de se concentrer sur leur traitement, qu'il s'agisse d'une thérapie cognitivo-comportementale, d'une thérapie de groupe ou d'une thérapie axée sur la famille.

Types de psychotropes

La plupart des médicaments utilisés pour les problèmes de santé mentale rétablissent l'équilibre chimique du cerveau, ce qui peut atténuer la fréquence et la gravité des symptômes. Il y a quatre grandes catégories de médicaments, selon les problèmes qu'ils traitent :
- antidépresseurs ;
- psychorégulateurs ;
- anxiolytiques et sédatifs ;
- antipsychotiques.

Les médicaments ont un nom générique (ou chimique) et un nom de marque (nom commercial) utilisé par l'entreprise qui les fabrique. Par exemple, la clozapine, un antipsychotique générique, est vendue sous le nom de marque Clozaril. Le nom de marque peut changer selon le pays où le médicament est commercialisé.

Figure 8-1 : Utilisations traditionnelles des catégories de psychotropes

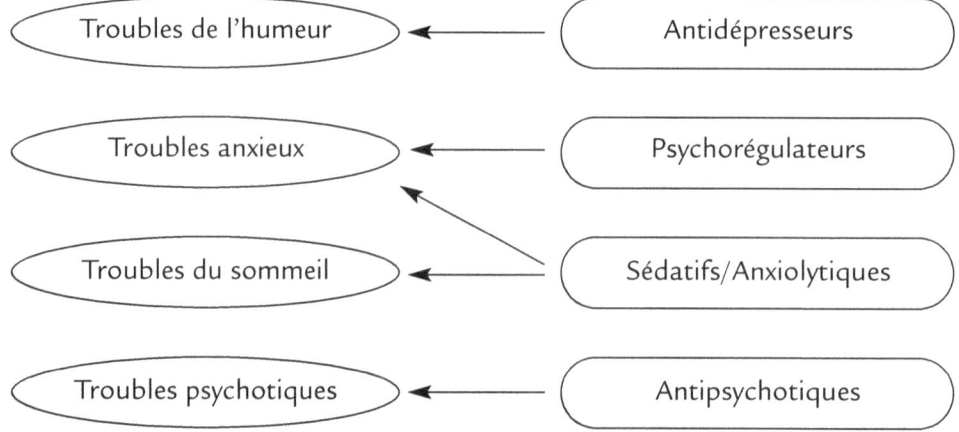

Bien que les psychotropes soient classés en quatre catégories, tel qu'indiqué précédemment, chaque type de médicament peut être utilisé pour traiter divers troubles. Par exemple, une personne qui prend un psychorégulateur pour traiter un trouble bipolaire peut aussi prendre un antidépresseur, un anxiolytique ou un antipsychotique pour traiter des symptômes comme une dépression, des problèmes de sommeil, de l'anxiété ou une psychose.

Figure 8-2 : Autres utilisations des diverses catégories de psychotropes

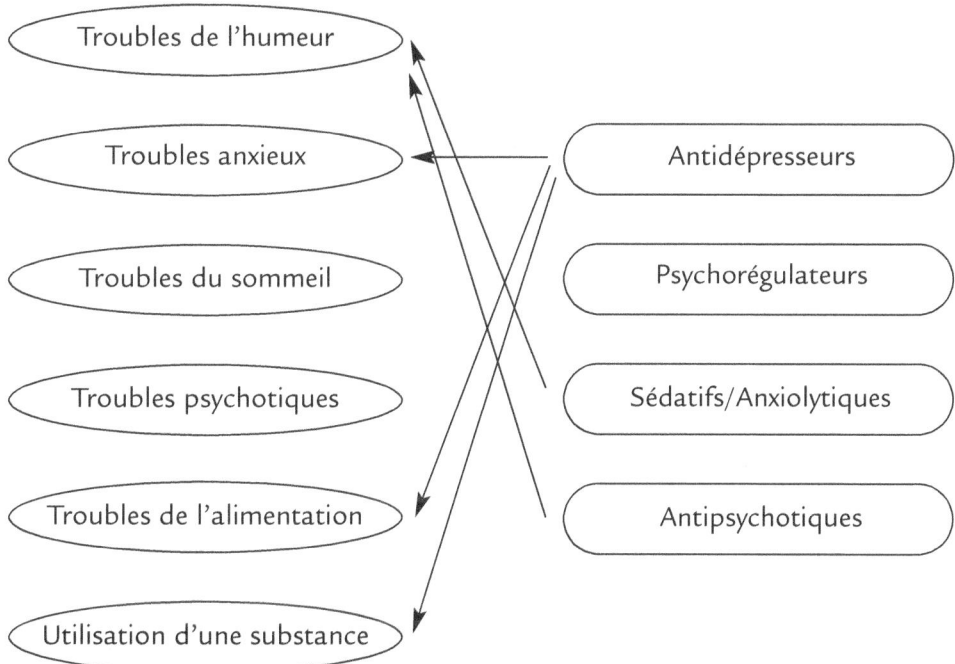

ANTIDÉPRESSEURS

Les antidépresseurs font appel à divers mécanismes. Ils permettent d'accroître la communication entre les neurones du cerveau. Au début, les antidépresseurs étaient utilisés pour traiter la dépression. Maintenant, on s'en sert également pour traiter la douleur chronique, la boulimie, le trouble dysphorique prémenstruel, le syndrome de fatigue chronique et les troubles de l'anxiété. En fait, on se sert davantage des antidépresseurs, surtout ceux faisant partie de la catégorie des inhibiteurs sélectifs du recaptage de la sérotonine (ISRS) comme Prozac, pour traiter les troubles de l'anxiété que l'on se sert des anxiolytiques comme le Valium.

PSYCHORÉGULATEURS

On utilise les psychorégulateurs pour maîtriser les sautes d'humeur extrêmes associées au trouble bipolaire et prévenir la réapparition de ce trouble. Le lithium, qui a été le premier psychorégulateur prescrit, demeure un médicament utile. Les anticonvulsifs, qui ont été mis au point pour traiter l'épilepsie et d'autres troubles causant des convulsions, sont aussi utilisés pour stabiliser l'humeur.

Le traitement du trouble bipolaire dépend des symptômes manifestés. On peut traiter ce trouble à l'aide d'antidépresseurs combinés à des psychorégulateurs.

ANXIOLYTIQUES / SÉDATIFS

Les benzodiazépines, comme le diazépam (Valium) et le lorazépam (Ativan), sont les principaux médicaments faisant partie de cette catégorie. Ils peuvent bel et bien être utilisés pour traiter les troubles de l'anxiété et du sommeil. Toutefois, comme ils peuvent devenir addictifs si on en prend pendant plus de quatre semaines environ, il y a risque d'abus (voir la section intitulée « Abus de médicaments ou dépendance aux médicaments » à la p. 162). La buspirone (BuSpar) est un anxiolytique qui peut être pris pendant plus longtemps.

ANTIPSYCHOTIQUES

Les antipsychotiques atténuent les effets de la dopamine dans le cerveau. On les utilise traditionnellement pour traiter la schizophrénie et d'autres troubles psychotiques. On met à l'essai la deuxième génération d'antipsychotiques pour déterminer s'ils peuvent stabiliser l'humeur, lutter contre l'anxiété et même traiter la dépression réfractaire (dépression difficile à traiter).

Pour de plus amples renseignements sur les psychotropes, consulter les ouvrages suivants (en anglais) :
• *Medications* (publié par le National Institute of Mental Health des États-Unis ; peut être consulté en ligne à www.nimh.nih.gov/publicat/NIMHmedicate.pdf).
• *Psychotherapeutic Medications 2006* (publié par le Addiction Technology Transfer Center des États-Unis ; peut être consulté en ligne à www.mattc.org/_media/publications/pdf/Medications2006_5.pdf).

PHARMACOTHÉRAPIE POUR LES PROBLÈMES LIÉS À L'UTILISATION D'UNE SUBSTANCE

On n'utilise pas les médicaments pour traiter les problèmes liés à l'utilisation d'une substance aussi souvent qu'on les utilise pour traiter les problèmes de santé mentale. Toutefois, la médication se greffe parfois aux traitements psychologiques et comportementaux.

Les stratégies de traitement comprennent les suivantes :
• la gestion du sevrage ;
• le traitement de substitution ;
• le traitement antagoniste ;
• la thérapie par aversion.

Gestion du sevrage

Le traitement pharmacologique du sevrage vise surtout à prévenir les complications graves, particulièrement les convulsions que peuvent causer certaines drogues (p. ex., l'alcool, les barbituriques et les benzodiazépines) lorsqu'une personne cesse d'en prendre. On utilise parfois des médicaments pour prévenir les rechutes.

Traitement de substitution

Lors de ce traitement, on remplace la substance donnant lieu à un abus par un médicament dont le risque d'abus est moins élevé, par exemple remplacer l'héroïne par la méthadone, un opioïde synthétique. La méthadone supprime les symptômes de sevrage d'autres opioïdes ainsi que les états de besoin chroniques sans causer d'euphorie ni d'accoutumance au médicament.

Les effets secondaires de la méthadone comprennent les suivants :
- somnolence, insomnie, dysphorie (état de malaise), faiblesse, étourdissements, vertige et nervosité ;
- nausée, vomissement, constipation chronique, perte d'appétit et bouche sèche ;
- sueurs, rougissement, impuissance et problèmes d'éjaculation.

Traitement antagoniste

Le traitement antagoniste bloque les effets des opioïdes. Par exemple, on utilise parfois le naltrexone (ReVia) pour bloquer les effets de l'alcool. On a recours à ce traitement pour maintenir l'abstinence à la suite du sevrage aux opioïdes ou à l'alcool. On obtient les meilleurs résultats auprès des clients très motivés.

Les effets secondaires du naltrexone comprennent les suivants :
- insomnie, anxiété, nervosité, dysphorie, dépression, léthargie, fatigue, confusion et maux de tête ;
- crampes abdominales, nausée, vomissement et perte de poids ;
- douleurs aux muscles et aux articulations.

Thérapie par aversion

Dans le cadre de cette thérapie, on prescrit un médicament qui cause des effets secondaires désagréables si le client utilise une substance. Par conséquent, la thérapie par aversion décourage l'utilisation de substances. Le disulfirame (qui portait autrefois le nom commercial d'Antabuse) est utilisé pour décourager la consommation d'alcool. Bien que Antabuse ne soit plus offert au Canada, les pharmacies peuvent fabriquer des capsules contenant de la poudre de disulfirame.

Une personne qui prend de l'alcool et du disulfirame éprouvera les symptômes suivants :
- nausée et bouche sèche ;
- rougissement, sueurs, maux de tête et palpitations.

GESTION DE LA PHARMACOTHÉRAPIE

Le soulagement des symptômes grâce à la pharmacothérapie varie d'une personne à l'autre. Il peut même y avoir rémission complète ou rétablissement. Toutefois, pour trouver la médication convenant le mieux au client, il faut, dans une certaine mesure, procéder par tâtonnement. Vous et votre parent devriez, tous les deux, participer à la prise de décisions à ce sujet. De plus, on devrait vous fournir des renseignements sur les avantages, les risques et les effets secondaires des médicaments.

Repérer et atténuer le plus possible les effets secondaires

Les effets secondaires peuvent s'accentuer ou s'atténuer avec le temps et peuvent varier, allant d'un léger malaise à des problèmes si graves qu'il devient impossible de composer avec le quotidien. Votre parent doit se sentir à l'aise de discuter des effets secondaires avec sa famille et son équipe de traitement. Un grand nombre de personnes cessent de prendre leurs médicaments en raison des effets secondaires désagréables qu'ils ressentent sans en parler à qui que ce soit. Il est dangereux d'arrêter de prendre ses médicaments ou de modifier la dose sans consulter d'abord l'équipe de traitement.

L'équipe de traitement peut suggérer des moyens d'atténuer le plus possible les effets secondaires, notamment les suivants :
- prendre le médicament en plus petite dose à plusieurs moments de la journée ;
- prendre le médicament avec des aliments qui conviennent ;
- prendre un médicament supplémentaire pour traiter les effets secondaires ;
- changer le médicament.

Il est parfois étonnant de voir comment le client réagit au traitement ou dans quelle mesure les effets secondaires s'atténuent lorsqu'on modifie la dose, ne serait-ce que légèrement. Il peut être nécessaire d'administrer une dose plus élevée du médicament lors d'un épisode aigu, mais on peut généralement réduire la dose. En outre, il faudra peut-être changer la dose avec le temps.

Votre parent peut utiliser des stratégies pratiques non pharmacologiques pour composer avec les effets secondaires. Certaines de ces stratégies sont énumérées au tableau 8-1.

Tableau 8-1 : Gérer les effets secondaires courants

EFFETS ANTICHOLINERGIQUES	
Effet secondaire	Stratégies de gestion
Bouche sèche	• Mâcher de la gomme sans sucre ou sucer des bonbons acides ou sans sucre (une bouche sèche et un excès de sucre peuvent accroître le risque de carie) • Avoir une bonne hygiène buccale, par exemple en se brossant les dents souvent, et en utilisant de la soie dentaire et un rince-bouche • Se faire examiner les dents régulièrement par un dentiste • Utiliser des lubrifiants oraux (p. ex., MoiStir)
Yeux secs et vue trouble	• Lire sous une lumière vive en tenant le livre à une certaine distance • Obtenir une ordonnance de gouttes pour les yeux
Constipation	• Boire davantage de liquides (p. ex., de l'eau, du jus et d'autres boissons sans caféine ni alcool) • Faire davantage d'exercice • Manger davantage de fibres alimentaires (p. ex., du son, des fruits et des légumes crus) • Utiliser un laxatif mucilagineux (p. ex., Metamucil, Prodiem) ou un laxatif ramollissant les selles (p. ex., Surfak, Colace) • Ne pas prendre régulièrement un laxatif plus puissant ou stimulant (p. ex., sennosides [Senokot], bisacodyle [Dulcolax]).
Rétention d'urines	• Si la rétention est faible, faire preuve de patience et laisser couler l'eau pendant qu'on essaie d'uriner • Si la rétention est grave, obtenir un médicament sur ordonnance pour neutraliser cet effet

EFFETS SUR LE SYSTÈME NERVEUX CENTRAL	
Effet secondaire	**Stratégies de gestion**
Somnolence	• Prendre la majeure partie de la dose, ou la dose complète si possible, au coucher • Être prudent en conduisant ou en se servant de machines
Manque de coordination musculaire ou affaiblissement des muscles (ataxie)	• Consulter un médecin, car cet effet pourrait être causé par une dose trop forte
Maux de tête	• Essayer les remèdes en vente libre comme l'acétaminophène (Tylenol), l'aspirine ou l'ibuprofène (Advil) mais demander d'abord à un médecin ou un pharmacien de vérifier les interactions médicamenteuses possibles • Obtenir une ordonnance pour un médicament différent si les maux de tête persistent

REGAIN D'ÉNERGIE (EFFET D'ACTIVATION)	
Effet secondaire	**Stratégies de gestion**
Effets extrapyramidaux (tremblements, agitation, raideur et spasmes musculaires, difficulté à marcher)	• Modifier la dose • Obtenir une ordonnance pour des médicaments antiparkinsoniens (p. ex., la benztropine [Cogentin] – il faut surveiller les effets de ce médicament, car si la dose est trop forte, il peut causer d'autres effets secondaires comme la désorientation, la confusion et le délire) • Prendre du propranolol, un médicament délivré sur ordonnance servant à traiter les tremblements et l'agitation • Prendre une benzodiazépine (p. ex., le lorazépam [Ativan]) pour traiter l'agitation

EFFETS GASTRO-INTESTINAUX	
Effet secondaire	Stratégies de gestion
Nausée	• Prendre les médicaments pendant les repas ou un goûter léger ou avec du lait • Ne pas prendre d'antiacide dans les deux heures suivant l'administration du médicament, car il pourrait empêcher l'absorption du médicament
Diarrhée	• Prendre du lopéramide (Imodium) ou de l'attapulgite (Kaopectate) après avoir vérifié auprès d'un médecin ou d'un pharmacien s'il y a des possibilités d'interactions médicamenteuses • Prendre de plus petites doses du médicament à plusieurs reprises au cours de la journée ou, si la diarrhée est causée par l'ingestion de lithium, prendre un médicament à libération lente (une diarrhée soudaine peut révéler une toxicité au lithium)

EFFETS CARDIOVASCULAIRES	
Effet secondaire	Stratégies de gestion
Étourdissements, perte de connaissance	• Se lever lentement lorsqu'on est couché ou assis avec les jambes pendantes • Porter des bas antifatigue et faire travailler ses mollets afin d'y réduire l'accumulation de sang • Prendre de plus petites doses du médicament à plusieurs reprises au cours de la journée
Accélération du rythme cardiaque	• En parler à un médecin – en général, ce n'est pas un problème grave
Hypertension	• Parler à un médecin de la possibilité de réduire la dose, de changer le médicament ou d'ajouter un médicament contre l'hypertension

AUTRES EFFETS	
Effet secondaire	**Stratégies de gestion**
Prise de poids	• Consommer moins de glucides et de sucre et, si possible, consulter un diététicien • Faire davantage d'exercice
Effets secondaires d'ordre sexuel	• En parler à un médecin, car tous les traitements contre ces effets secondaires nécessitent l'administration de médicaments sur ordonnance • Essayer un autre médicament si ces effets secondaires persistent
Difficulté à s'adapter à des changements extrêmes de température (modification de la thermorégulation)	• Passer peu de temps dans les saunas ou à l'extérieur lorsque le temps est chaud et humide car le risque d'insolation est plus élevé • Boire beaucoup de liquides et rester le plus possible à l'ombre • Porter des vêtements amples et un chapeau à bord large • Passer peu de temps à l'extérieur quand il fait très froid car le risque d'hypothermie est plus élevé
Photosensibilité	• Limiter l'exposition au soleil • Porter des vêtements amples et un chapeau à bordure large • Utiliser toujours un écran solaire dont le FPS est d'au moins 15
Sudation excessive	• Utiliser du talc et un antisudorifique plus puissant (p. ex., Drysol) pour être plus à l'aise • Réduire la dose • Dans les cas graves, parler à un médecin de la possibilité d'ajouter un médicament

Questions à poser à un médecin ou un pharmacien au sujet du médicament :
• Quel est le nom du médicament et qu'est-il censé faire ?
• Comment et quand doit-on le prendre et quand doit-on arrêter de le prendre ?
• Quels aliments, boissons et autres médicaments devrait-on éviter pendant qu'on prend le médicament prescrit ?
• Doit-on prendre le médicament pendant les repas ou à jeun ?
• Peut-on boire de l'alcool pendant qu'on prend ce médicament ?
• Quels sont les effets secondaires et que doit-on faire si ces effets se manifestent ?
• Où peut-on obtenir d'autres renseignements sur ce médicament ?
(National Institute of Mental Health, 2002)

Activité 8-1 : Registre des effets secondaires

En collaboration avec votre parent, tenez un registre des médicaments et de leurs effets secondaires. Ce registre vous sera utile lorsque vous consulterez l'équipe de traitement.

A : Effets secondaires

Date	Effet secondaire remarqué	

B : Médicaments

Date	Médicament	Dose

Collaborer avec l'équipe de traitement

Assurez-vous que vous-même et votre parent connaissez le nom et la dose de chaque médicament et que vous savez pour quel problème il a été prescrit.

Vous pouvez venir en aide à votre parent en :
- attribuant une note de 1 à 10 à chaque symptôme de la maladie et en signalant toute amélioration ;
- prenant note des effets secondaires et en en discutant avec l'équipe de traitement ;
- demandant à un médecin ou à un pharmacien de vérifier les interactions médicamenteuses avant que votre parent ne prenne un nouveau médicament (qu'il soit en vente libre ou délivré sur ordonnance).

ABUS DE MÉDICAMENTS OU DÉPENDANCE AUX MÉDICAMENTS

Les professionnels de la santé doivent tenir compte d'une question très importante lorsqu'ils prescrivent un traitement pharmacologique à un client aux prises avec des problèmes de santé mentale qui a déjà eu un trouble lié à l'utilisation d'une substance dans le passé : la possibilité que le client abuse du médicament prescrit ou en devienne dépendant.

On entend par l'abus d'un médicament le fait d'en prendre plus que la quantité prescrite afin de ressentir d'autres effets (p. ex., l'extase). Une personne est dépendante d'un médicament lorsqu'elle s'y est accoutumée et doit en prendre de plus en plus pour ressentir ses effets. Cette personne sera en sevrage si elle cesse subitement de prendre le médicament. La dépendance à un médicament ne découle pas nécessairement de l'abus du médicament. Les anxiolytiques, les stimulants et les opioïdes sont les médicaments sur ordonnance les plus susceptibles de faire l'objet d'un abus. Comme les antidépresseurs, les antipsychotiques et les psychorégulateurs ont une capacité de renforcement minime et des effets secondaires prononcés, le risque d'abus est généralement limité. Le risque qu'une personne abuse d'un médicament ou en devienne dépendante découle d'un grand nombre de facteurs :
- La capacité de produire des sensations et des effets agréables varie d'une substance à l'autre (effets de renforcement). Or, une personne est plus susceptible d'abuser d'un médicament si elle en ressent les effets rapidement.
- La puissance ou la pureté d'un médicament peut influencer le risque d'abus.
- Le coût et la disponibilité du médicament ont également une incidence sur le risque d'abus.
- En général, les effets d'un médicament varient considérablement d'une personne à une autre. Comme chaque personne a des caractéristiques génétiques qui lui sont propres, le médicament n'est pas métabolisé de la même façon pour tout le monde. Par conséquent, il peut avoir des effets différents pour une même dose.

- Par ailleurs, certaines personnes déterminent elles-mêmes les médicaments qu'elles prendront pour atténuer les symptômes d'un problème de santé mentale comme la dépression et l'anxiété.
- La pression des pairs et les normes de la société amènent certaines personnes à commencer ou à poursuivre l'utilisation et l'abus d'une substance (y compris les médicaments sur ordonnance). En outre, il a été démontré que l'emploi, la scolarité et la disponibilité d'activités agréables (p. ex., des activités sportives, sociales, récréatives ou organisées par un club) sont des facteurs qui protègent contre l'utilisation d'une substance.

Benzodiazépines

On ne s'entend toujours pas sur la meilleure approche à adopter pour venir en aide aux clients ayant des problèmes d'anxiété et liés à l'utilisation d'une substance. Certains chercheurs sont tout à fait contre l'idée de prescrire des benzodiazépines à moins que ce ne soit à des personnes en cours de désintoxication ou qui ont un syndrome d'anxiété aigu. Ces chercheurs estiment qu'il faut cesser de prendre des benzodiazépines lorsqu'une autre catégorie de médicaments efficaces prend effet, car l'utilisation de benzodiazépines peut mener à une dépendance physique, une consommation à mauvais escient et une utilisation accrue. D'autres chercheurs estiment que, bien qu'il faille éviter ces médicaments dans bien des cas, la décision de les prescrire doit être prise en fonction de la situation du client.

Toute personne qui prend des benzodiazépines devrait faire l'objet d'une évaluation médicale et de la santé mentale complète. Le clinicien devrait tenir compte du fait que le client a essayé ou non d'autres médicaments et déterminer si un traitement reposant sur une approche psychosociale serait suffisant pour aider le client à se rétablir, à composer avec son anxiété ou à éviter les rechutes. Il faut informer le client des risques comme les convulsions s'il cesse brusquement de prendre de l'alcool ou des benzodiazépines.

INTERACTIONS DES MÉDICAMENTS ET DES DROGUES

Il y a interaction lorsqu'une drogue ou un médicament modifie les effets d'une autre drogue ou d'un autre médicament présent dans l'organisme. Certaines interactions sont sans importance, mais d'autres peuvent être dangereuses, voire mortelles.

Lorsqu'ils sont pris ensemble, les médicaments et les drogues peuvent :
- agir indépendamment les uns des autres. Par exemple, l'alcool ne semble pas nuire aux effets des vitamines et des contraceptifs oraux et vice versa.
- intensifier les effets que l'on souhaite obtenir des uns et des autres. Cela peut se produire parce qu'ils ont le même effet sur le cerveau ou parce qu'un des médicaments ou une des drogues accroît la concentration de l'autre dans l'organisme. Par exemple,

l'alcool et les antihistaminiques sont tous deux des dépresseurs du système nerveux central. Par conséquent, quand on les prend en même temps, on intensifie les effets recherchés (p. ex., désinhibition ou perte de la maîtrise de soi) et les effets secondaires (p. ex., la somnolence).

• atténuer les effets que l'on souhaite obtenir des uns et des autres (effet antagoniste). Cela peut se produire lorsqu'un médicament ou une drogue « bloque » l'autre médicament ou drogue ou l'empêche de produire son effet. Cela peut également se produire lorsque deux médicaments ou drogues ont des effets contraires sur le cerveau (p. ex., la somnolence induite par l'alcool et la vivacité d'esprit induite par la caféine).

Conséquences des interactions des médicaments et drogues

Lorsqu'on choisit un médicament pour une personne aux prises avec des troubles concomitants, il faut faire attention aux interactions toxiques qui pourraient se produire entre le médicament prescrit et les drogues donnant lieu à un abus. Cela est important si la personne recommence à utiliser une substance pendant qu'elle prend un psychotrope prescrit.

Dans certains cas, les médicaments et les drogues interagissent sans effet visible sur la personne. Toutefois, le mélange de substances donnant lieu à un abus, qui peuvent avoir leurs propres effets toxiques, et de médicaments sur ordonnance a souvent des conséquences beaucoup plus graves. Les effets toxiques les plus courants sont les suivants :

• la dépression du système nerveux central qui, lorsqu'elle est la plus bénigne, cause la somnolence et, lorsqu'elle est plus grave, peut causer un coma ;
• la dépression respiratoire, qui peut provoquer un arrêt complet de la respiration ;
• des effets cardiaques comme le rétrécissement ou la dilatation des vaisseaux sanguins ou des fluctuations du rythme cardiaque, qui peuvent mener à un arrêt du cœur ;
• l'abaissement du seuil épileptogène, ce qui signifie que le risque de convulsions cérébrales s'accroît ;
• des effets psychiatriques comme la psychose.

On trouvera ci-après certains des mélanges les plus courants et une description de leurs effets.

STIMULANTS ET ANTIDÉPRESSEURS

Si on prend un stimulant comme la cocaïne ou le méthylphénidate en même temps qu'un antidépresseur de type inhibiteur de la monoamine-oxydase (IMAO), une réaction hypertensive (hypertension artérielle) peut se produire. Un grand nombre de personnes ont déclaré qu'elles s'étaient mises soudainement à souffrir de maux de tête et d'hypertension grave après avoir pris des amphétamines en même temps qu'un IMAO ; certaines ont succombé à une hémorragie cérébrale (saignement dans le cerveau). Le mélange d'un stimulant et d'un antidépresseur tricyclique peut accélérer le rythme cardiaque.

CANNABIS ET ANTIPSYCHOTIQUES

La marijuana peut décroître l'efficacité des antipsychotiques et accroître les risques de rechute. Prise en même temps que certains antipsychotiques, la marijuana peut causer une hypotension (faible tension artérielle) marquée et une désorientation accrue. Les effets de cette drogue peuvent s'ajouter à ceux d'anticholinergiques et d'autres médicaments ayant des effets secondaires anticholinergiques, entraînant des symptômes comme un assèchement accru de la bouche, la rétention des urines, la constipation, etc.

TABAC ET ANTIPSYCHOTIQUES

Comme l'usage du tabac réduit de 20 pour 100 la concentration dans le sang de certains antipsychotiques, les fumeurs doivent prendre des doses plus élevées de ces médicaments. Si une personne fume moins ou cesse de fumer pendant qu'elle prend un antipsychotique, la concentration du médicament dans son sang augmentera. Par conséquent, les effets secondaires seront plus nombreux et les risques de toxicité, plus grands. Dans ce cas, il faut généralement réduire la dose et surveiller le client de près.

TABAC ET BENZODIAZÉPINES

Certaines des substances présentes dans le tabac peuvent stimuler la production d'enzymes hépatiques qui métabolisent le diazépam et le chlordiazépoxide, qui sont alors éliminés plus rapidement de l'organisme. Dans ce cas, le client doit prendre des doses plus élevées.

CAFÉINE ET LITHIUM

La caféine est un diurétique qui peut aggraver l'incontinence et donc affecter le bilan hydrique et les niveaux de lithium. De plus, elle peut accroître l'excrétion de lithium par les reins et causer des tremblements. Les personnes qui prennent du lithium peuvent continuer de consommer de la caféine, mais elles ne doivent pas modifier considérablement leur consommation d'un jour à l'autre.

TRAITEMENT CONTINU

Nombreux sont les clients et les familles qui se demandent avec inquiétude combien de temps durera la médication. Dans certains cas, le traitement est de courte durée (p. ex., prendre un somnifère en raison d'une insomnie temporaire). Pour un premier épisode de dépression, on recommande au client de prendre des médicaments pendant au moins un an. Pour un trouble bipolaire et la schizophrénie, la durée du traitement est généralement indéterminée, car celui-ci a pour but d'empêcher la réapparition des symptômes. Lors d'un premier épisode psychotique, il peut être difficile de faire la différence entre une psychose induite par une drogue et la schizophrénie. Si le client ne présente pas de symptômes pendant plusieurs mois, il se peut qu'on atténue puis qu'on cesse la médication tout en surveillant le client de près.

Comme un grand nombre de problèmes de santé mentale persistent toute la vie, la durée de la médication est souvent indéterminée. Lorsqu'un épisode aigu a été traité avec succès, vous-même, votre parent et l'équipe de traitement devez rester à l'affût de tout signe d'une rechute.

METTRE FIN À LA MÉDICATION

Un grand nombre de personnes hésitent à poursuivre leur médication, notamment pour les raisons suivantes :
• parce que les effets secondaires sont désagréables ;
• parce qu'elles se sentent bien et estiment qu'il n'est plus nécessaire de prendre des médicaments ;
• en raison des messages véhiculés par leurs pairs (p. ex., dans le cadre des programmes en douze étapes réunissant des pairs) selon lesquels on doit être en mesure de faire face à sa situation sans prendre de substances, même des médicaments sur ordonnance ;
• parce qu'elles se préoccupent des interactions entre les médicaments et l'alcool ou d'autres substances.

Les familles devraient encourager leur parent à faire part de tout problème causé par ses médicaments dans l'espoir qu'il réfléchisse bien à ce qui pourrait se produire s'il décidait de cesser de les prendre. Si le client choisit de ne pas prendre ses médicaments :

- Reconnaissez qu'il a le droit de décider de ne pas prendre de médicaments.
- Insistez sur le fait qu'il doit s'assurer de prendre une décision éclairée. (Cette décision est importante pour sa santé et il doit en discuter avec son médecin.)
- Demandez-lui pourquoi il choisit de ne pas prendre ses médicaments.
- N'acceptez pas une réponse comme « Je n'aime pas prendre de pilules ». Dites-lui que vous savez qu'il ne prendrait pas une décision aussi importante sans raison.
- Donnez des exemples de raisons pour lesquelles d'autres personnes décident de ne pas prendre de médicaments. Par exemples, elles :
  - ne croient pas en avoir besoin (p. ex., elles pensent qu'elles n'ont jamais eu de maladie mentale) ;
  - pensent qu'elles n'en ont plus besoin (p. ex., parce qu'elles se croient guéries) ;
  - n'aiment pas les effets secondaires des médicaments ;
  - craignent que les médicaments ne leur fassent du mal ;
  - doivent composer avec les objections ou le ridicule de la part de leurs amis ou de membres de leur famille ;
  - pensent que si elles prennent des médicaments, cela signifie qu'elles n'ont plus de contrôle.

Dans bien des cas, la médication est un volet important du plan de traitement des troubles concomitants. Toutefois, il peut être long et frustrant de trouver le ou les médicaments les plus efficaces. Vous pouvez aider votre parent en vous renseignant sur les risques et les avantages des médicaments qu'il prend et en discutant avec lui et avec l'équipe de traitement de l'effet des médicaments et de la gravité des effets secondaires. Assurez-vous qu'on revoie régulièrement les médicaments et leur dosage. Si vous n'êtes pas satisfait, vous et votre parent pouvez demander l'avis d'un autre spécialiste.

RÉFÉRENCES

NATIONAL INSTITUTE OF MENTAL HEALTH. *Medications*, Bethesda (MD), National Institute of Mental Health, National Institutes of Health, US Department of Health and Human Services, 2005.

Prévention de la rechute

9

Aperçu

- Qu'est-ce que la rechute ?
- Prévention de la rechute – problèmes liés à l'utilisation d'une substance
- Prévention de la rechute – problèmes de santé mentale

QU'EST-CE QUE LA RECHUTE ?

Une rechute se produit lorsqu'une personne qui s'est rétablie éprouve à nouveau des problèmes ou manifeste à nouveau des symptômes associés à ses troubles. Pour les troubles liés à l'utilisation d'une substance, une rechute signifie la réapparition d'un problème lié à l'utilisation d'une substance à la suite d'une période d'abstinence ou d'utilisation maîtrisée. Pour les troubles de santé mentale, une rechute signifie la réapparition des symptômes associés aux troubles. Une rechute liée à un trouble peut entraîner une rechute liée à l'autre trouble.

Plusieurs facteurs contributifs et signes avant-coureurs indiquent qu'une personne risque de recommencer à utiliser une substance ou de manifester à nouveau des symptômes associés à des problèmes de santé mentale.

PRÉVENTION DE LA RECHUTE – PROBLÈMES LIÉS À L'UTILISATION D'UNE SUBSTANCE

La rechute est un élément prévu du traitement des problèmes liés à l'utilisation d'une substance et du processus de rétablissement. En général, des signes avant-coureurs apparaissent bien avant la rechute. Il est possible de reconnaître ces signes et d'agir pour éviter la rechute.

S'il y a rechute, cela ne signifie pas que le traitement a échoué, que le client n'a pas la force de caractère requise ou que l'aidant a commis une erreur. La personne aux prises avec un problème lié à l'utilisation d'une substance doit développer et mettre en pratique diverses aptitudes pour éviter la rechute. Il faut considérer la rechute comme une occasion pour la personne de réfléchir aux moyens de faire face à des situations semblables à l'avenir. Toutefois, si une personne fait constamment une rechute, cela peut signifier qu'elle est aux prises avec un trouble plus grave qui n'a pas été diagnostiqué, comme l'état de stress post-traumatique.

Il arrive à tout le monde d'avoir de fortes envies et d'être dans un état de besoin intense. Il faut apprendre à y faire face pour éviter une rechute.

Facteurs de risque

Certaines personnes peuvent se trouver dans une situation ou éprouver des sentiments qui accroissent leur risque de rechute. Une personne dont la vie est stressante et exigeante peut considérer que l'utilisation d'une substance est le seul moyen d'éprouver du plaisir ou d'échapper au stress. Les facteurs suivants peuvent accroître le risque de rechute :

- un état émotif négatif comme la colère, l'anxiété, la dépression, la frustration ou l'ennui ;
- les conflits qui suscitent des émotions négatives ;
- la pression sociale qu'exercent des personnes qui utilisent une substance.

Les activités agréables comme les anniversaires de naissance ou de mariage ou les réunions peuvent accroître les risques de rechute si on sert de l'alcool lors de ces célébrations. Chez certaines personnes, les sentiments intenses, même s'il s'agit d'un sentiment de bonheur, suscitent un malaise. Cela peut les amener à utiliser une substance pour tenter d'atténuer l'intensité des émotions qu'elles ressentent. D'autres personnes utilisent une substance pour tenter d'intensifier les émotions positives.

Prévenir la reprise de l'utilisation d'une substance

Une personne qui est en mesure de composer avec les situations à risque élevé est moins susceptible de rechuter. En outre, une personne qui reconnaît que l'utilisation d'une substance peut avoir des conséquences négatives, même si elle peut susciter du plaisir pendant quelque temps, est moins susceptible de rechuter qu'une personne qui y voit uniquement du plaisir.

Lorsqu'une personne fait une rechute, sa réaction à cet « écart » peut déterminer en partie si elle recommencera à utiliser une substance en grande quantité. Les personnes qui estiment qu'elles n'ont aucun contrôle sur leur utilisation d'une substance sont plus susceptibles de recommencer à en utiliser. Celles qui considèrent la rechute comme un événement unique au cours duquel elles n'ont pas réagi efficacement et comme une occasion de trouver des moyens plus efficaces de faire face à des situations semblables sont moins susceptibles de recommencer à utiliser une substance.

Stratégies de prévention de la rechute pour les problèmes liés à l'utilisation d'une substance

Les stratégies suivantes peuvent aider votre parent à éviter une rechute :
- Apprendre à reconnaître le retour ou l'aggravation des symptômes du problème de santé mentale (comme un comportement maniaque, l'aggravation d'une dépression, l'autodestruction) qui, dans le passé, ont souvent été associés à la reprise de l'utilisation d'une substance.
- Repérer les situations avec lesquelles la personne peut avoir de la difficulté à composer (p. ex., pour un grand nombre de personnes, il est risqué de se trouver aux endroits où elles ont utilisé une substance dans le passé, comme un bar, et en présence des personnes avec lesquelles elles prenaient de l'alcool ou d'autres drogues).

- Élaborer des stratégies permettant de faire face à ces situations à risque élevé. Par exemple, une personne pourra refuser de boire lors d'une activité sociale si elle se rend à un endroit où on offre des boissons sans alcool intéressantes ou sort avec des amis qui appuient sa décision de ne pas boire et qui ne boivent pas de façon excessive.
- Retirer tout ce qui pourrait amener à utiliser une substance (p. ex., une personne qui a un problème lié à l'alcool peut retirer de la maison, au moins pendant un certain temps, toutes les bouteilles d'alcool, ses verres préférés, les tire-bouchons et les ouvre-bouteilles).
- Mettre en pratique des techniques permettant de faire face à des situations stressantes (p. ex., la méditation, la maîtrise de la colère, la pensée positive, se retirer de la situation).
- Se livrer à des activités qui donnent davantage l'impression que sa vie est équilibrée, comme la relaxation, la gestion du stress, la gestion du temps, s'occuper d'un animal de compagnie, l'exercice physique et le yoga.
- Élaborer un « plan en cas de rechute » qui indique les mesures à prendre pour composer avec les situations à risque élevé ou les éviter.

Soyez prêt à faire face à la rechute. Essayez de comprendre ce qui a déclenché la rechute. Considérez la rechute comme une occasion de se préparer à faire face à des situations semblables à l'avenir et non comme une erreur.

À mesure qu'on découvre et qu'on utilise de nouveaux moyens d'éviter la rechute et de composer avec le stress, on apprend à maîtriser la situation, ce qui diminue le risque de rechute.

PRÉVENTION DE LA RECHUTE – PROBLÈMES DE SANTÉ MENTALE

Certaines personnes vivent un seul épisode de maladie mentale, mais un grand nombre en vivent plus d'un. Dans certains cas, on s'attend à ce que le problème de santé mentale réapparaisse.

Des études ont démontré que l'on peut apprendre à reconnaître et à gérer les symptômes et réduire le risque de rechute. S'il y a rechute, les symptômes pourraient être moins prononcés.

Un grand nombre de troubles de santé mentale ont des facteurs de risque communs pouvant contribuer à une rechute. Cela dit, un trouble peut se manifester à nouveau sans raison apparente.

Facteurs de risque

Certains sentiments et situations accroissent le risque de rechute. Une personne dont la vie est stressante et exigeante peut être plus vulnérable à une rechute. L'absence de routine, une mauvaise alimentation, de la difficulté à dormir et le manque de soutien social, familial et communautaire sont autant de facteurs de risque. Voici des exemples de facteurs qui peuvent déclencher une rechute :

- l'utilisation ou l'abus d'une substance ;
- les problèmes liés à l'utilisation de médicaments – cesser de prendre ses médicaments ou ne pas les prendre au moment prévu ou en quantité suffisante ;
- les membres de la famille sont trop critiques ou hostiles ou expriment trop leurs émotions ;
- les conflits ;
- un niveau très élevé de stress mental, par exemple celui causé par le décès d'un être cher ;
- des facteurs liés à une situation, par exemple, l'anniversaire d'un événement traumatisant peut déclencher une rechute chez une personne ayant un trouble de stress post-traumatique (ESPT) ;
- les sentiments, les pensées ou les situations qui ont précédé un épisode de la maladie dans le passé ;
- d'autres problèmes médicaux ou physiques.

Stratégies de prévention de la rechute pour les problèmes de santé mentale

Les stratégies suivantes peuvent aider votre parent à éviter une rechute :

- Être à l'affût des signes d'une rechute et élaborer un plan de prévention de la rechute en collaboration avec un professionnel.
- Prendre les médicaments tel qu'ils ont été prescrits et, s'ils n'ont pas les effets recherchés ou si les effets secondaires sont trop désagréables, en parler à son médecin.
- Être conscient des situations qui peuvent déclencher l'apparition des symptômes et s'efforcer de les éviter ou limiter son exposition à ces situations.
- Se renseigner sur les troubles. La psychoéducation – c'est-à-dire le fait pour la famille et le client de se renseigner sur la maladie mentale – réduit le risque de rechute.
- Utiliser les compétences acquises lors du traitement pour composer avec les symptômes.
- Mettre en pratique des techniques permettant de faire face à des situations stressantes, comme la méditation, la maîtrise de la colère et la pensée positive.
- Élaborer une routine structurée. Adopter un mode de vie et se livrer à des activités qui donnent davantage l'impression que sa vie est équilibrée comme la relaxation, la gestion du stress, l'affirmation de soi et la résolution de conflits.

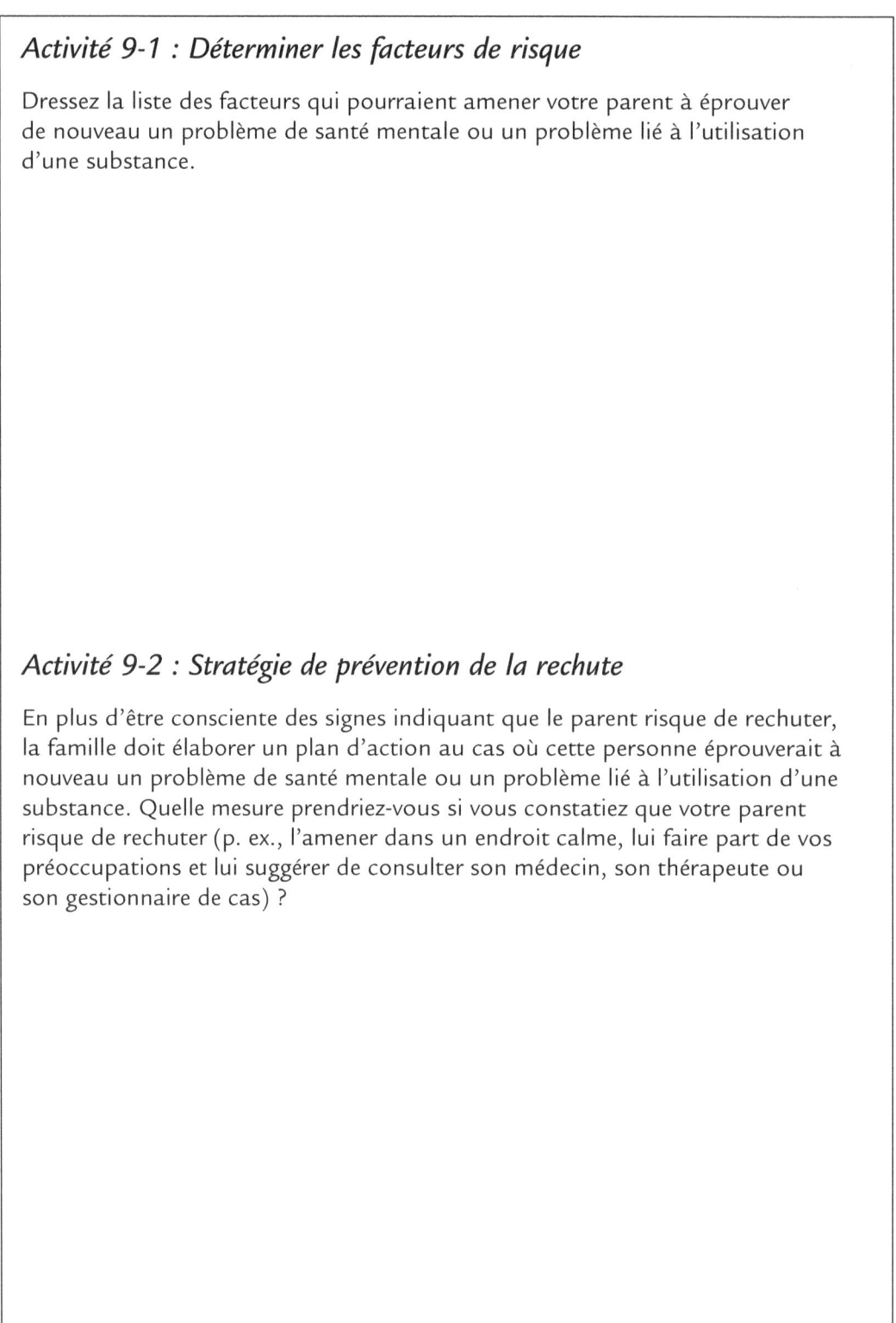

Activité 9-1 : Déterminer les facteurs de risque

Dressez la liste des facteurs qui pourraient amener votre parent à éprouver de nouveau un problème de santé mentale ou un problème lié à l'utilisation d'une substance.

Activité 9-2 : Stratégie de prévention de la rechute

En plus d'être consciente des signes indiquant que le parent risque de rechuter, la famille doit élaborer un plan d'action au cas où cette personne éprouverait à nouveau un problème de santé mentale ou un problème lié à l'utilisation d'une substance. Quelle mesure prendriez-vous si vous constatiez que votre parent risque de rechuter (p. ex., l'amener dans un endroit calme, lui faire part de vos préoccupations et lui suggérer de consulter son médecin, son thérapeute ou son gestionnaire de cas) ?

Activité 9-3 : Plan de prévention de la rechute pour l'aidant

En tant que parent d'une personne ayant des problèmes concomitants de santé mentale et liés à l'utilisation d'une substance, vous devez songer à vos besoins. Comme nous en avons discuté au chapitre 5, il est essentiel que vous preniez soin de vous-même et que vous élaboriez un plan d'autogestion de la santé. Si vous constatez que vous êtes de plus en plus stressé, anxieux, déprimé ou fatigué ou que vous manifestez d'autres symptômes indiquant que vous êtes sur le point d'être submergé (rechute de l'aidant naturel), que pourriez-vous faire pour prendre soin de vous-même ? Élaborez un « plan de prévention de la rechute pour l'aidant ».

Si mon parent rechute, je prendrai les mesures suivantes pour prendre soin de ma :

Santé physique :

Santé émotionnelle :

Vie sociale :

Vie spirituelle :

Exemple de plan de prévention de la rechute pour l'aidant

Santé physique :

Si mon mari, Francis, recommence à boire, je prendrai soin de ma santé physique en allant faire une longue promenade à pied. Cela m'aide à faire le vide dans ma tête. De cette façon, je n'exploserai pas et je ne le traiterai pas de raté. Je m'efforcerai de manger sainement mais, si je mange mal à quelques reprises, je ne m'en voudrai pas. Les rechutes sont stressantes pour toute la famille. Si je mange un sac de croustilles parce que je suis contrariée, cela ne veut pas dire que je suis une personne horrible. Je me remettrai à bien manger après.

Santé émotionnelle :

Je prendrai soin de ma santé émotionnelle en lisant les documents que m'a remis le groupe de soutien familial dont je fais partie et le thérapeute de Francis, et qui portent sur les raisons pour lesquelles les personnes qui ont cessé de consommer de l'alcool recommencent soudainement à boire. Ces documents m'aident toujours à me rappeler que l'addiction est une maladie qui s'atténue graduellement, que le rétablissement est un processus souvent long et que, dans bien des cas, les rechutes en font partie. Cela pourrait nous aider, mon mari et moi, à tirer une leçon de cette expérience.

De plus, je lirai les documents que j'ai en ma possession au sujet du trouble bipolaire pour me rappeler que, parfois, lorsqu'une personne commence à se sentir trop euphorique ou trop déprimée, elle puise son réconfort dans l'alcool. Tout cela m'aide à composer avec Francis lorsqu'il se remet à boire. Lorsque je comprends mieux ce qui se passe, je ne jette le blâme ni sur lui ni sur moi. Cela m'aide à garder mon calme et à ne pas piquer de crise.

Vie sociale :

Si Francis rechute, je téléphonerai à mes meilleures amies : Lucie, qui fait partie de mon groupe de soutien familial sur les troubles de l'humeur, et Élizabeth, qui fait partie de mon groupe Al-Anon. Je leur demanderai de m'accompagner à une réunion du groupe de soutien familial puis de venir prendre un café avec moi.

Vie spirituelle :

Je ferai plus de 15 minutes de yoga et je recommencerai à lire mes textes de méditation.

Crises et urgences

10

Aperçu

COMPRENDRE LES CRISES ET LES URGENCES

On a beau être préparé, il est parfois impossible de prévoir ou d'éviter une rechute. De plus, une rechute peut se transformer en crise. Il se peut qu'aucun signe ne laisse présager une crise.

On entend par *crise* une grave détérioration de la capacité d'une personne de composer avec le quotidien. Une crise peut être un point tournant, pour le mieux ou pour le pire. Elle ne comporte pas nécessairement un risque de blessures graves. **Une crise se produit lorsqu'une personne sent qu'elle ne peut pas contrôler ses sentiments et ses comportements et a de la difficulté à composer avec les exigences du quotidien.** Une personne en état de crise peut éprouver un désespoir, une peine ou une colère extrêmes. Il se peut qu'elle ne dorme pas, qu'elle entende des voix ou qu'elle croit qu'elle a des pouvoirs surhumains. Une personne en état de crise n'est pas nécessairement un danger pour elle-même ou pour autrui mais, dans bien des cas, elle a besoin d'une aide externe (par exemple de la part de son médecin ou thérapeute, d'une unité d'urgence mobile ou d'une ligne d'écoute téléphonique).

On entend par *urgence* une situation où il y a un danger immédiat que la personne se fasse du mal ou en fasse à quelqu'un d'autre (Chan et Noone, 2000). Voici des exemples d'urgences :
• menaces de suicide ;
• menaces de violence physique ;
• jugement extrêmement affaibli par des problèmes comme une psychose ou une intoxication.

QUI EST EN CRISE ?

Parfois, les problèmes liés aux troubles concomitants se manifestent soudainement. Les symptômes, les problèmes et les besoins de la personne créent une crise qui pousse tous les membres de la famille à agir. Dans d'autres cas, ces problèmes se manifestent lentement et deviennent de plus en plus graves, jusqu'à ce qu'un membre de la famille décide qu'il est temps d'agir. Par exemple, un comportement qui est devenu courant, comme un adolescent qui rentre à la maison ivre, peut devenir un point de contention lorsque le père ou la mère décide de mettre un terme à ce comportement. Ou encore, une personne n'assiste pas à une séance de traitement parce qu'elle a le cafard, mais est certaine qu'elle y assistera le lendemain. Une telle situation peut susciter de fortes réactions parmi les membres de la famille, car ceux-ci craignent que leur parent ne reprenne de mauvaises habitudes, ne reçoive pas les soins dont il a besoin et ne fasse une rechute.

Dans ces deux cas, les membres de la famille ne percevront pas tous la situation de la même façon. Une personne peut croire que le parent fait une crise et qu'il faut agir immédiatement, tandis qu'un autre membre de la famille peut croire que rien n'a changé. Parfois, la personne ayant des problèmes cooccurrents croit que quelque chose de très grave s'est produit et qu'il faut agir sur-le-champ, tandis que sa famille n'est pas aussi inquiète. Dans d'autres cas, la famille estime qu'il faut agir, mais la personne ayant des problèmes n'est pas de cet avis ou s'inquiète des gestes que posera sa famille.

Vous devez donc vous poser la question suivante : Qui est en crise ? La réponse à cette question vous aidera à comprendre qui demande de l'aide : votre parent, la famille ou les deux.

ÉTABLIR DES LIMITES

Les limites peuvent empêcher les conflits de devenir des crises. Les conflits peuvent découler de problèmes entre la personne malade et les membres de sa famille ou entre la personne malade et d'autres personnes. Le parent aux prises avec des troubles concomitants peut faire face à un conflit pour d'autres raisons, par exemple parce que sa routine a changé, parce qu'il a des difficultés financières ou parce qu'il a perdu son logement.

Les membres de la famille peuvent se sentir coupables lorsqu'ils établissent des limites en ce qui concerne les comportements de leur parent ou qu'ils insistent pour qu'il suive les règles que toute la famille doit respecter.

Certaines familles refusent d'établir des limites parce qu'elles croient qu'elles éviteront ainsi de contrarier leur parent ou de le mettre en colère inutilement. Des règles et des limites peuvent procurer un sentiment de sécurité au parent et lui donner l'impression qu'il sait à quoi s'attendre.

En général, il est préférable de ne pas :
• trouver des excuses (p. ex., « Il est contrarié aujourd'hui. », « Elle reprendra son programme demain. », « Un verre ou deux ne lui feront pas de mal et pourraient même le calmer. », « Elle peut rentrer à la maison tard en soirée ; sa vie est si difficile. ») ;
• payer les factures du parent ;
• donner constamment de l'argent au parent (il ne faut pas s'étonner si le parent utilise cet argent pour acheter de l'alcool ou d'autres drogues) ;
• payer une caution pour sortir le parent de prison ;
• trouver des excuses pour expliquer le comportement irresponsable ;
• ignorer les problèmes du parent (p. ex., sur le plan mental, émotionnel, financier, professionnel ou juridique) causés par l'utilisation d'une substance ;
• accepter les excuses du parent et croire ses mensonges.

FAIRE FACE À DES COMPORTEMENTS INAPPROPRIÉS

N'acceptez pas les comportements suivants :
• les cris, les injures, ou toute autre forme d'agression affective ;
• la violence physique ;

- un comportement dangereux, comme fumer au lit ;
- les vols commis envers des membres de la famille ou des amis ;
- le détournement d'argent destiné à payer le loyer ou à subvenir à d'autres besoins fondamentaux.

Bien que cela puisse être difficile lorsqu'un parent est aux prises avec des troubles concomitants, il peut être bénéfique d'établir des limites concernant sa consommation d'alcool ou d'autres drogues dans votre demeure.

Lorsque vous exprimez votre désaccord au sujet d'un comportement inacceptable, soyez clair et dites précisément à votre parent ce qu'il doit changer. Par exemple :
- Dites-lui quels sont les problèmes (p. ex., utiliser son argent de poche pour acheter de l'alcool plutôt que pour acheter des billets d'autobus ou rentrer à la maison tard et en état d'ivresse et déranger les autres membres de la famille).
- Attaquez-vous à un seul problème à la fois.
- N'imposez pas vos exigences et ne recherchez pas la confrontation.
- Indiquez clairement quelles sont vos attentes, et ce, de façon positive et non menaçante et sans poser de jugement. Par exemple, utilisez des tournures comme « J'aimerais que tu _____. » ou « Nous te serions reconnaissants si tu _____. » ou « Il est important pour moi (et/ou pour les autres membres de la famille) que tu nous aides en _____. ».
- Aidez votre parent à comprendre les conséquences d'un comportement considéré inacceptable (p. ex., il ne recevra plus d'argent pour la semaine ; vous achèterez des billets d'autobus et les lui remettrez au lieu de lui donner de l'argent qu'il pourrait utiliser pour acheter de l'alcool).
- Soyez cohérent quand vient le temps d'établir des limites et de donner suite aux comportements de votre parent.
- Passez en revue les limites que vous avez établies pour les divers comportements et modifiez votre plan au besoin.

EXEMPLE DE L'ESCALADE D'UNE CRISE

Parfois, un changement soudain de la routine déclenche une crise qui s'aggrave et se transforme en urgence. Dans certains cas, la famille ne peut rien faire pour éviter une crise. Dans d'autres cas, elle peut éviter ou déclencher une crise.

Lisez le scénario suivant et demandez-vous si le résultat aurait été moins grave si la famille avait agi différemment.

Samuel (qui est absent pour le week-end) et Véronique ont trois enfants : Jean (24 ans), Stéphane (20 ans) et Anne (16 ans). Jean et Anne habitent à la maison et Stéphane habite en ville, dans une résidence pour étudiants. Anne est en 10ᵉ année. Jean a la schizophrénie (diagnostiquée quand il avait 19 ans) et un problème lié à l'utilisation d'une substance (diagnostiqué récemment). Même s'il prend des médicaments pour traiter ses symptômes de psychose et d'anxiété, Jean a de la difficulté à composer avec le changement. Quand un changement se produit, il devient anxieux et déprimé et, dans bien des cas, il boit pour essayer de se calmer.

Quand il boit, Jean peut se mettre facilement en colère ; la moindre provocation déclenche chez lui une explosion de rage. Parfois, il lance des objets et jure contre sa famille. Quand cela se produit, il s'enferme dans sa chambre, fume des cigarettes et écoute de la musique jusqu'à ce qu'il s'endorme. Les membres de sa famille le surveillent attentivement et discrètement quand il fume et l'observent à tour de rôle jusqu'à ce qu'il s'endorme. En général, à son réveil, parfois après 15 heures de sommeil, il est calme et sobre et ne se souvient pas de ce qui s'est passé la veille.

Une fin de semaine, Jean apprend que son thérapeute, qui le suit depuis cinq ans, quitte la ville, ce qui signifie que Jean devra consulter un autre thérapeute. Manifestement, Jean est contrarié et se met à faire les cent pas dans la maison. Sa mère et sa sœur sont à la maison. Elles gardent leurs distances sauf pour lui demander doucement si elles peuvent lui venir en aide. Jean se met dans tous ses états et quitte la maison. Au lieu d'assister à sa séance de traitement et de parler à un de ses intervenants, il se rend dans un bar. Après avoir bu quatre ou cinq bières, il se met en colère et devient paranoïaque. Il veut une cigarette mais se rend compte qu'il a dépensé ce qui lui restait de son argent de poche pour acheter de la bière.

Quand Jean rentre enfin à la maison, Véronique constate qu'il est ivre. Jean est en colère. Il s'approche de sa mère, qui est dans la cuisine, et lui dit qu'il n'a plus d'argent et qu'il a besoin de dix dollars pour acheter des cigarettes. Véronique lui demande ce qu'il a fait de l'argent qu'elle lui a donné il y a trois jours. Jean tape du poing sur la table et dit en criant qu'il a dépensé cet argent pour manger. Il menace de « tuer quelqu'un » si sa mère refuse de lui donner de l'argent. Au même moment, le frère cadet de Jean, Stéphane, entre dans la cuisine. Anne, qui était dans la salle de séjour, s'approche de la cuisine. Après avoir entendu les propos de son frère, elle craint que sa mère ne soit en danger. Elle décide de ne pas s'en mêler et reste dans l'embrasure de la porte, sans rien dire.

Voyant que son fils Jean est dans tous ses états, en colère et agressif et qu'il veut qu'on lui obéisse, Véronique prend son sac à main et s'apprête à sortir son portefeuille pour lui donner dix dollars lorsque Stéphane accourt et lui dit de remettre son portefeuille dans son sac à main. Stéphane est en colère et s'approche de Jean. Il lui dit en criant : « Écoute, paresseux, j'en ai ras-le-bol ! Elle ne te donnera pas plus de son argent durement gagné à la sueur de son front pour que tu les gaspilles en achetant de l'alcool et des cigarettes. Tu es encore ivre n'est-ce pas ? J'en ai assez de tes conneries. Nous ne ferons plus tes quatre volontés. Maman, ne lui donne plus d'argent. Il ne devrait pas fumer de toute façon ».

Stéphane s'est approché de Jean et ils sont maintenant face à face. Pendant que Stéphane crie, Jean tremble de colère et lève le poing. Avec son autre main, il ouvre un tiroir et saisit un couteau. En une fraction de seconde, il poignarde Stéphane dans l'estomac. Stéphane s'écroule sur le plancher. Saisie d'horreur, Véronique s'approche du téléphone pour demander de l'aide. Jean se précipite dans la salle de séjour et commence à faire les cent pas, le couteau à la main. Anne entre dans la cuisine pour aider sa mère. Véronique crie à Anne de composer le 911 pour demander une ambulance et la police.

L'ambulance, la police et les pompiers arrivent et on amène Stéphane à l'urgence. Véronique essaie de décrire à la police les événements qui ont mené à l'attaque. Elle tente d'expliquer que son fils ne voulait faire de mal à personne, qu'il souffre d'une maladie mentale et qu'il avait bu, mais elle est si bouleversée par ce qui s'est produit qu'elle a du mal à parler.

Se préparer

Quand on est préparé, on est mieux en mesure d'agir comme il se doit pour éviter qu'une situation ne devienne une crise. De plus, on peut atténuer la douleur et l'angoisse que peut ressentir une personne lors d'une crise. La famille de Jean pourrait envisager les mesures suivantes :

- S'assurer que le médecin de Jean et les personnes qui dispensent le programme de traitement de jour sont au courant : a) de sa difficulté à composer avec le changement ; b) de ce qui se produit chez lui quand un changement survient dans sa vie (il devient très anxieux et fait une dépression) ; c) de la façon dont il compose avec ces sentiments (il boit pour atténuer les symptômes) ; et d) de ce qui se produit quand il boit (il ne peut s'empêcher de prendre plus d'un verre et, après quatre ou cinq verres, il devient furieux et paranoïaque ; dans bien des cas il devient violent et profère des menaces).
- Déterminer si le médecin de Jean et les personnes qui dispensent le programme de traitement de jour *acceptent et sont en mesure de* s'attaquer tant à ses problèmes de santé mentale qu'à ses problèmes liés à l'utilisation d'une substance.
- S'assurer que le médecin de Jean et les intervenants lui apprennent à composer avec les changements qui surviennent dans sa vie.
- Trouver un programme qui soutient et renseigne la famille de Jean pour lui apprendre à faire face aux conflits et aux crises de façon plus efficace et lui permettre de recevoir un soutien de la part de professionnels et de pairs, de prendre connaissance des expériences vécues par d'autres familles et de valider sa situation.

Activité 10-1 : Réflexion sur l'escalade d'une crise

Croyez-vous que la famille de Jean aurait pu agir différemment pour éviter que la crise *ne se produise ?*

Croyez-vous que la famille de Jean aurait pu agir différemment pour éviter que la crise ne devienne une urgence ?

- Commencer à établir des limites pour aider Jean à composer avec ses sentiments et à maîtriser ses comportements. Par exemple, pour qu'il continue à recevoir de l'argent de poche de ses parents, Jean doit s'acquitter de ses responsabilités (par exemple, suivre son programme de traitement et consulter son médecin). Quand il fume, il doit le faire à l'extérieur pour ne pas nuire à la santé des membres de sa famille. Il doit utiliser son argent de poche pour acheter des articles dont il a besoin comme des vêtements et des billets d'autobus et non pour acheter de l'alcool. Comme tous les autres membres de la famille, Jean ne doit pas proférer de menaces ni se comporter de façon menaçante.

Lorsque Jean est prêt et calme, la famille peut lui parler de son usage du tabac et lui fournir des renseignements sur les moyens d'y mettre fin, comme le traitement de substitution de la nicotine (timbre ou gomme à la nicotine).

Pendant une crise

Lorsque Jean fait une crise, sa famille devrait :
- s'efforcer de garder son calme et le soutenir ;
- proposer à Jean de téléphoner à son médecin ou à une des personnes qui dispensent le programme de jour et demander à Jean s'il veut leur parler ;
- proposer à Jean, s'il le veut bien, de se rendre chez son médecin ou de consulter une des personnes qui dispensent le programme de jour ;
- lui offrir de l'aide et lui suggérer des moyens d'atténuer son anxiété et sa peur, quelle qu'en soit la cause.

Jean est rentré à la maison ivre, en colère et paranoïaque et a ordonné à sa mère de lui donner de l'argent. Diverses mesures auraient pu empêcher que cette crise ne devienne une urgence :
- Véronique avait raison. Il était trop tard pour essayer de raisonner avec Jean. Comme Jean a l'habitude de boire quand il doit faire face à un conflit et de se calmer dans sa chambre jusqu'à ce qu'il s'endorme, il était préférable de ne pas lui demander comment il avait dépensé son argent de poche.
- Compte tenu du fait que Jean fume toujours quand il est ivre, en colère et paranoïaque, Véronique aurait dû lui donner les dix dollars cette fois-ci puisqu'il était peu probable qu'il réagisse de façon positive, dans un état de crise, à la tentative d'établir une limite. Une fois que Jean se serait calmé, la famille aurait pu lui parler de son idée de demander de l'argent pour acheter des cigarettes et établir des règles de base.

- Véronique aurait pu l'accompagner au magasin pour acheter des cigarettes (de préférence, si Jean avait accepté, avec une troisième personne), puis l'aurait ramené à la maison et lui aurait laissé le temps de se calmer, seul dans sa chambre, jusqu'à ce qu'il s'endorme (ce qu'il fait d'habitude). Les membres de la famille l'auraient surveillé pendant qu'il fumait pour s'assurer qu'il ne se fasse pas du mal accidentellement et qu'il ne s'endorme pas avec une cigarette à la main.
- Véronique aurait pu demander à un ami intime de la famille de l'aider à surveiller Jean. Véronique ou un autre membre de la famille aurait pu téléphoner au médecin ou au thérapeute de Jean ou à un autre professionnel de la santé qui le connaît bien pour lui demander de l'aide et des conseils sur la façon de régler la situation.
- Stéphane aurait dû parler plus doucement à Jean et n'aurait pas dû le regarder dans les yeux car les éclats de voix, les jugements, les accusations et le blâme ont accentué sa peur et sa paranoïa.
- Anne a bien fait de rester dans l'embrasure de la porte et de ne rien dire. Les incidents passés lui avaient appris que, lorsque Jean est ivre, il est facile de le provoquer, ce qui entraîne son comportement menaçant. Si plusieurs personnes l'avaient mis au pied du mur, la situation déjà précaire se serait envenimée.

Stéphane aurait pu aider à calmer la situation en :
- ne se mettant pas face à face avec Jean puisque ce dernier était contrarié et ivre ;
- parlant doucement ;
- s'abstenant de porter des accusations ;
- ne regardant pas Jean dans les yeux et en s'abstenant de le fixer du regard ;
- gardant ses distances par rapport à Jean (Stéphane aurait été plus en sécurité et Jean se serait senti moins paranoïaque et moins « emprisonné ») ;
- laissant une seule personne (dans ce cas, sa mère) parler à Jean et s'occuper du conflit.

En suivant ces suggestions, on aurait peut-être pu éviter que la crise ne devienne une urgence. **Toutefois, les familles devraient savoir qu'il est parfois impossible d'éviter une urgence.** Elles doivent donc savoir ce qu'elles peuvent faire en cas d'urgence.

LORSQU'UNE CRISE SE TRANSFORME EN URGENCE

Si votre parent menace de se faire du mal, de vous blesser ou de causer des dommages matériels, vous devez prendre toutes les mesures nécessaires pour vous protéger, vous et lui. Vous devrez peut-être quitter les lieux et demander de l'aide. Procédez ainsi uniquement dans un cas très grave et revenez sur les lieux le plus rapidement possible. Dans la mesure du possible, enlevez tout objet dont votre parent pourrait se servir pour se faire du mal.

À ne pas faire :
• crier ;
• critiquer ;
• fixer du regard ;
• argumenter avec d'autres personnes sur ce qu'il faut faire.

Suicide

Un des aspects les plus terrifiants d'un trouble de santé mentale grave est d'entendre une personne parler de se suicider. Si une personne parle de suicide, même en plaisantant, il faut la prendre au sérieux.

La plupart des gens ne veulent pas s'enlever la vie. En général, les pensées suicidaires et les tentatives de suicide se produisent pendant un épisode grave de la maladie mentale, lorsque la personne se sent impuissante et désespérée. Même si, dans bien des cas, ces sentiments disparaissent avec le temps, les personnes qui les ressentent n'ont pas cette impression. Vous pouvez venir en aide à votre parent en reconnaissant ses sentiments tout en lui proposant de l'aider à trouver d'autres solutions. Toutefois, vous devez être conscient de vos limites. **Les membres de la famille doivent se rendre compte qu'ils ne peuvent exercer un contrôle absolu sur une situation et qu'ils ne sont pas responsables de tous les gestes posés par leur parent.**

SIGNES AVANT-COUREURS DU SUICIDE

Plusieurs signes révèlent qu'une personne envisage de se suicider. Par exemple, elle :
• parle du suicide et de ce qui se produirait si elle mettait fin à ses jours ;
• se demande qui pourrait subvenir aux besoins de ses enfants ou des autres membres de sa famille ou s'occuper de ses animaux de compagnie ;
• fait don de ses biens ;
• dit qu'elle n'est bonne à rien et tient des propos comme « Je n'apporte rien à personne » ;
• envisage l'avenir avec désespoir et tient des propos comme « À quoi bon ? » ;
• dit qu'elle entend des voix qui lui disent de faire quelque chose de dangereux.

Que faire si vous découvrez une personne qui a essayé de se suicider :
• Faites le 911 sur-le-champ.
• Administrez les premiers soins sur-le-champ si vous savez comment le faire.
• Demandez à quelqu'un de vous accompagner à l'hôpital ou de rester avec vous à la maison.

N'essayez pas de faire face à cette crise seul ; communiquez avec un groupe de soutien pour qu'il puisse vous aider à composer avec vos réactions immédiates et vos sentiments à long terme.

Obtenir des soins en cas d'urgence

SE RENDRE À L'HÔPITAL

Il est préférable que votre parent accepte de se rendre à l'hôpital. S'il ne veut pas vous écouter, demandez à une personne en qui il a confiance d'essayer de le convaincre d'aller à l'hôpital. Cette option devrait faire partie du plan d'action que vous avez élaboré (voir la section intitulée « Élaborer un plan d'urgence » à la p. 191). Dans la mesure du possible, offrez deux options à votre parent. Par exemple, la mère de Jean aurait pu lui dire : « Viendras-tu à l'hôpital avec moi ou préfères-tu que ton père ou Anne t'y accompagne ? ». De cette façon, votre parent n'aura pas l'impression qu'on le contraint à faire quelque chose.

TÉLÉPHONER À LA POLICE

Si votre parent risque de se faire du mal ou de blesser quelqu'un d'autre et qu'il refuse de consulter un médecin, vous pouvez demander à un juge ou un juge de paix (cela dépend dans quelle province ou dans quel territoire vous habitez) d'émettre un document qui autorise la police à amener votre parent à l'hôpital pour qu'il soit évalué. Toutefois, si votre parent fait une crise ou si la situation est urgente (c'est-à-dire qu'il y a un danger immédiat), il suffit de faire le 911.

> *Parfois, il faut téléphoner à la police. La première fois, c'est très difficile. Je me souviens de la première fois où nous avons dû faire le 911. L'ambulance et la police sont venues. Mon voisin, qui est médecin, a frappé à ma porte et m'a dit : « Puis-je faire quelque chose pour vous aider ? ». Je me souviens que j'ai réussi à lui dire : « Ma fille fait un épisode psychotique et elle a pris du crack ». Après lui avoir dit ça, il a été d'un grand secours et je me suis sentie mieux. Je me suis dit, voilà, c'est fait. Il a été très gentil. Lorsqu'on dit à quelqu'un ce qui se passe et que rien de terrible ne se produit, on se sent mieux.*

Il est normal que la famille hésite à téléphoner à la police. Toutefois, si la situation est très grave, ce peut être le seul choix. Dans bien des cas, quand on dit à la personne malade qu'on va appeler la police, elle se calme.

Si vous faites le 911, dites à la personne au bout du fil que votre parent a besoin de soins d'urgence. Précisez le trouble qui a été diagnostiqué. Dites-lui également que vous avez besoin d'aide pour amener votre parent à l'hôpital.

Dans certaines collectivités, les policiers ont reçu une formation sur l'intervention en situation de crise. Demandez au service de police de votre localité si les policiers ont reçu une telle formation. Vous saurez ainsi ce que vous devez leur dire si vous avez besoin de leur aide. Si vous devez appeler la police, prenez note du nom et du numéro d'insigne des agents et du délai d'intervention au cas où vous deviez faire part de vos préoccupations concernant la façon dont ils ont fait face à la situation. Vous aurez peut-être le temps de téléphoner au médecin de votre parent ou à une autre personne à contacter en cas d'urgence lorsque la police sera sur les lieux.

Il se peut que vous hésitiez à communiquer avec la police même si votre parent a endommagé des biens ou infligé de mauvais traitements. Les membres de la famille craignent parfois que leur parent ne soit mis en prison, où il pourrait être maltraité.

Toutefois, le fait de ne pas prendre au sérieux le risque de violence et de blessure pourrait avoir des conséquences fâcheuses. Portez attention aux signes révélant une intensification des menaces, de la violence et du stress et aux facteurs qui pourraient déclencher une crise et apprenez à déterminer quand une situation est hors de votre contrôle. N'hésitez pas à demander à une équipe d'intervention en cas de crise de venir chez vous ou à téléphoner à la police. Dans bien des cas, il s'agit de la chose la plus sûre et la plus bénéfique que vous puissiez faire pour un parent malade.

Contact avec le système de services psychiatriques médico-légaux

L'ironie de la chose, c'est que si une personne ayant un grave problème de santé mentale comparaît devant un juge parce qu'elle a été accusée d'avoir commis une infraction, elle a plus de chance d'être renvoyée pour subir une évaluation complète et, éventuellement, de recevoir des soins. La *psychiatrie légale* est un volet du système de santé mentale qui s'adresse aux personnes ayant eu des démêlés avec la justice. Certaines personnes ayant des problèmes de santé mentale qui ont eu des démêlés avec la justice et qui sont orientées vers un centre médico-légal peuvent recevoir des soins qu'elles n'ont pu obtenir dans le système communautaire.

Il peut être difficile pour les familles de s'y retrouver dans les méandres du système de services psychiatriques médico-légaux. Si vous habitez en Ontario, le document intitulé *Le système ontarien de services psychiatriques médico-légaux : Guide d'information* (que vous pouvez consulter à www.camh.net/fr/Publications/CAMH_Publications/ forensic_menthealth_infoguide_fr.html) vous aidera dans cette tâche.

COLLABORER AVEC LE PERSONNEL DE L'URGENCE

Si possible, accompagnez votre parent à l'urgence. Le personnel devrait vous poser des questions, car vous avez les renseignements dont il a besoin pour traiter votre parent. Si le personnel de l'urgence ne vous pose pas de questions, vous devriez insister pour lui parler.

Efforcez-vous de raconter en détail les événements qui ont mené à l'hospitalisation. Si vous avez des craintes au sujet de votre sécurité si votre parent est mis en congé, dites-le au personnel.

ADMISSION EN CURE OBLIGATOIRE

Il se peut que votre parent ne veuille pas suivre un traitement après une crise ou après avoir éprouvé de graves symptômes. Au Canada, on ne peut forcer une personne à suivre un traitement pour un trouble de santé mentale à moins qu'elle ne soit une menace pour elle-même ou pour autrui. Cette approche reconnaît les droits de la personne. Toutefois, elle a créé des problèmes complexes pour les familles. Si une personne qui ne veut pas être hospitalisée est admise à l'hôpital, on la considère comme un malade en cure obligatoire. Les critères utilisés pour déterminer si une personne peut être admise à l'hôpital sans son consentement varient d'une province à l'autre. Les principes fondamentaux sont les suivants :

- On estime que la personne est un danger pour elle-même (p. ex., elle est suicidaire ou elle a un comportement autodestructeur).
- On estime qu'elle est un danger pour autrui (p. ex., elle est violente).
- La personne est incapable de prendre soin d'elle-même et, par conséquent, elle est en danger immédiat (p. ex., parce qu'elle ne mange pas ou ne boit pas).

Si la personne satisfait aux critères provinciaux d'admission en cure obligatoire, un médecin peut émettre un document autorisant une hospitalisation de courte durée (de un à trois jours dans la plupart des provinces) afin que la personne suive un traitement d'urgence. Dans certaines provinces, il faut qu'un autre document soit émis pour que la personne suive un traitement de longue durée.

Consentement au traitement

Les personnes admises à l'hôpital en cure obligatoire ont tout de même le droit de prendre des décisions quant à leur traitement si elles sont mentalement capables de le faire. Elles peuvent notamment refuser le traitement.

Pour être considérée comme capable, la personne doit :
- être en mesure de donner son consentement ;
- avoir la capacité intellectuelle nécessaire pour prendre la décision ;
- donner son consentement volontairement ;
- avoir suffisamment de renseignements pour prendre une décision éclairée, notamment en ce qui concerne les risques ou les effets secondaires du traitement.

Si la personne n'est pas en mesure de donner un consentement éclairé, elle doit être déclarée incompétente. Dans ce cas, on nomme une personne chargée de prendre des décisions en son nom. Dans certaines provinces, cette personne, appelée mandataire, est un membre de la famille. Dans d'autres territoires, elle est nommée par l'État.

Renseignements sur la *Loi sur la santé mentale*

Chaque province a adopté une loi sur la santé mentale. Par conséquent, les règles varient d'une province à l'autre. Vous trouverez des renseignements à ce sujet auprès des bureaux provinciaux de l'Association canadienne pour la santé mentale (ACSM) et sur le site Web des ministères provinciaux de la santé. Voici des liens utiles :

Alberta
The Mental Health Act of Alberta: A Guide for Consumers and Caregivers
(peut être consulté en ligne sur le site de l'ACSM – Alberta)

Colombie-Britannique
BC's Mental Health Act in Plain Language
(peut être consulté en ligne sur le site de l'ACSM – Colombie-Britannique)

Manitoba
www.gov.mb.ca/health/mh/act.fr.html

Nouveau-Brunswick
www.ahsc.health.nb.ca/Programs/MentalHealth/indexfr.shtml

Ontario
Droits et responsabilités : La santé mentale et la loi
www.health.gov.on.ca/french/publicf/pubf/mentalf/rightsf.html

Île-du-Prince-Édouard
Islanders Guide to the Mental Health Act
www.gov.pe.ca/publications/getpublication.php3?number=118

Québec
La maladie mentale : un guide régional destiné aux familles
(disponible auprès de l'ACSM – Québec)

Saskatchewan
www.health.gov.sk.ca/rr_your_prsnl_rights_mhsa.html

ÉLABORER UN PLAN D'ACTION EN CAS D'URGENCE

Vous devriez discuter avec les membres de votre famille des mesures à prendre en cas d'urgence, avant qu'une situation ne dégénère en crise ou en urgence. N'essayez pas de traiter avec votre parent s'il semble être sous l'effet de l'alcool ou d'autres drogues et lorsque les autres membres de la famille sont bouleversés. Comme vous serez stressé, vous pourriez dire des choses auxquelles vous ne croyez pas ou poser des gestes qui ne feront qu'envenimer la situation.

Quand tout le monde est calme, vous pouvez déterminer ce que vous ferez si :
• la famille remarque que certains des symptômes du problème de santé mentale ou lié à l'utilisation d'une substance réapparaissent ;
• la situation s'est déjà transformée en crise.

En élaborant un plan avec les membres de votre famille, vous vous assurerez que votre parent joue un rôle actif dans la prestation de ses soins. En déterminant les mesures que vous prendrez avant qu'une crise ne se produise, vous pourriez empêcher qu'elle ne se déclenche. Toutefois, dans certains cas, une crise ne peut être évitée.

ÉLABORER UN PLAN D'ACTION EN CAS DE CRISE

Les directives suivantes vous aideront à élaborer un plan d'action en cas de crise qui répond aux besoins de votre parent malade :
• Assurez-vous que votre parent participe activement à la discussion et à toutes les décisions et que l'on tient compte de ses préférences.
• Faites participer autant de membres de votre famille que ce qui vous semble approprié et élaborez une approche qui convient à tous.
• Élaborez divers plans d'action possibles et mettez en œuvre celui qui, de l'avis de tous, *surtout de votre parent malade*, convient le mieux.
• Déterminez les mesures que comprendra votre plan, y compris le rôle que chaque membre de la famille jouera pour le mettre en œuvre. Par exemple, déterminez qui est la meilleure personne pour accompagner votre parent à l'hôpital, si cela s'avère nécessaire, qui devrait rester à l'hôpital et qui devrait rester à la maison pour faire des appels téléphoniques.
• Déterminez qui parlera à l'équipe de traitement ou, dans une situation très grave, à la police, si votre parent n'est pas en mesure de se faire comprendre.
• Assurez-vous d'obtenir la permission de votre parent concernant la divulgation de renseignements au personnel de l'hôpital ou à la police.

Fiches d'information en cas de crise

Certaines personnes aux prises avec des troubles concomitants et les membres de leur famille estiment qu'il leur est très utile d'inscrire des renseignements importants sur une fiche ou un petit morceau de papier plié qu'ils ont en leur possession en tout temps. Par exemple, la fiche ou le morceau de papier peut être placé dans la partie visible du portefeuille d'une personne.

En général, on inscrit sur cette fiche des renseignements dont auront besoin d'autres personnes (p. ex., des amis, des travailleurs de la santé, la police, des étrangers) si, lorsqu'il n'est pas à la maison, votre parent fait une crise en raison de son problème de santé mentale ou lié à l'utilisation d'une substance. La fiche contient des renseignements comme :

- les numéros de téléphone importants – à qui téléphoner en cas de crise ou d'urgence, y compris le nom des personnes qu'il faut appeler en premier lieu et en second lieu ;
- le nom du professionnel qui s'occupe du problème de santé mentale ou de l'addiction de votre parent (p. ex., son psychiatre, son thérapeute ou son intervenant) ;
- le nom du médecin de famille de votre parent ;
- le nom de l'hôpital ou du centre de traitement où votre parent est ou a été hospitalisé ou traité en clinique externe ;
- la liste des médicaments qu'il prend, la dose de chacun et le moment du jour ou de la nuit où il doit les prendre (vous pouvez également indiquer le nom et le numéro de téléphone de la pharmacie qui, généralement, exécute les ordonnances) ;
- la liste des médicaments auxquels votre parent est allergique ;
- la liste des médicaments qui, dans le passé, n'ont pas été efficaces pour traiter le problème de santé mentale ou lié à l'utilisation d'une substance ou que votre parent ne prend pas en raison de leurs effets secondaires (vous pouvez indiquer ces médicaments dans une colonne et leurs effets secondaires dans une autre colonne) ;
- des conseils sur la façon de parler à votre parent et d'interagir avec lui quand il fait une crise
  - une liste de sujets neutres qui l'intéressent
  - les aliments qui le réconfortent
  - les gestes qu'il peut poser pour se calmer (comme écouter de la musique ou jouer à des jeux vidéo).

Activité 10-2 : Créer une fiche d'information en cas de crise

Voici des exemples de renseignements que vous pourriez inscrire sur votre fiche d'information en cas de crise. Choisissez ceux qui seraient les plus utiles compte tenu de votre situation

Personnes à contacter en cas d'urgence

1ʳᵉ personne à contacter :

Nom _____   n° de tél. à la maison _____

_____   n° de tél. au travail _____

_____   n° de tél. cellulaire _____

_____   adresse électronique _____

2ᵉ personne à contacter

Nom _____   n° de tél. à la maison _____

_____   n° de tél. au travail _____

_____   n° de tél. cellulaire _____

_____   adresse électronique _____

Fournisseurs de traitements

Médecin de famille

Nom _____   n° de tél. _____

Gestionnaire de cas / thérapeute / intervenant – santé mentale ou utilisation d'une substance

Nom _____   n° de tél. _____

Nom _____   n° de tél. _____

Hôpital ou centre de traitement

Nom _____   n° de tél. _____

Médicaments actuels

Médicament _____ Dose _____ Heure _____

Allergies médicamenteuses

_____

_____

_____

Les médicaments suivants n'ont pas été efficaces ou ont causé de graves effets secondaires :

Médicament _____ Effets secondaires _____

_____   _____

_____   _____

_____   _____

Suggestions qui peuvent être utiles en cas de crise ou d'urgence :

_____

_____

_____

_____

_____

RÉFÉRENCES

CHAN, ALICE ET JOSEPH A. NOONE. *Emergency Mental Health Educational Manual*, Vancouver, Mental Health Evaluation & Community Consultation Unit, Université de la Colombie-Britannique, 2000.

Partie IV : Rétablissement

Rétablissement

11

Aperçu

QU'EST-CE QUE LE RÉTABLISSEMENT ?

Le rétablissement est un cheminement propre à la personne qui le vit et qui comporte des récompenses et des dangers en cours de route. Il n'y a pas de définition unique du rétablissement ni de moyen précis de le mesurer. Toutefois, toutes les définitions du rétablissement ont une chose en commun : l'importance d'aider les personnes qui le vivent à trouver un nouveau sens à leur vie à mesure qu'elles transcendent les effets de la maladie mentale et de l'utilisation d'une substance.

> *Lorsque j'ai assisté aux premières séances du groupe de soutien familial, j'écoutais des personnes qui avaient vécu des situations semblables à la mienne et qui se portaient très bien. Ce qui importe, c'est de donner de l'espoir. C'est dire qu'il est possible de surmonter les difficultés. Peu importe à quel point cela a été difficile, peu importe le nombre de fois où le traitement a échoué, un jour, il pourrait fonctionner. C'est savoir que le rétablissement est possible. Peu importe le nombre de personnes qui vous abandonnent, peu importe ce qu'elles pensent de vous, les choses vont s'améliorer.*

Activité 11-1 : Que veut dire le rétablissement pour moi ?

En tant que membre de la famille, être cher, ami ou partenaire d'une personne aux prises avec des troubles concomitants de santé mentale et liés à l'utilisation d'une substance, je définis le rétablissement comme suit :

Le rétablissement a été décrit comme un processus, une attitude, une vision et un principe directeur. Il a également été décrit comme une façon pour les gens de retrouver leur estime de soi, leurs rêves, leur confiance en soi, leur autonomie, leur fierté, leur dignité et le sens de leur vie. Pour les professionnels et les familles, le rétablissement a pour but de traiter la personne dans son ensemble, c'est-à-dire de repérer ses forces, de lui donner de l'espoir et de l'aider à fonctionner en l'aidant à assumer la responsabilité de sa vie.

Pour se rétablir, il faut refuser de se contenter de moins. On peut envisager le rétablissement de façon positive en embrassant l'humanité des gens et leur potentiel de changement. Les gens sont avant tout *des gens* et non pas des diagnostics, des cas, des clients ou des utilisateurs. Ils ne sont pas définis ni contrôlés par leurs symptômes.

Il faut encourager les gens à :
• envisager le changement avec espoir ;
• établir des liens étroits avec des personnes qui comprennent leur situation ;
• se fixer des objectifs ;
• développer leurs intérêts et à apprendre de nouvelles compétences ;
• devenir conscients des divers aspects de leur maladie et de leurs comportements.

On définit le rétablissement comme le fait de croire en soi. Il se nourrit de la gentillesse, de la compréhension, de la compassion et du respect des amis, de la famille et d'autres personnes qui sont importantes. En fin de compte, pour se rétablir, il faut s'ouvrir et obtenir l'appui d'autres personnes.

Le rétablissement :
• ne se fait pas nécessairement dans une seule direction ; il faut tirer une leçon des revers que l'on essuie et avoir le courage d'aller de l'avant malgré eux ;
• peut se produire même si on éprouve des symptômes ; le rétablissement ne signifie pas nécessairement qu'on n'éprouvera plus jamais de symptômes, qu'on ne vivra plus de moments difficiles et qu'on ne fera pas de rechute ;
• est plus facile quand on dispose d'un réseau de soutien, mais on peut se rétablir même sans l'intervention de professionnels de la santé mentale ;
• requiert qu'on s'occupe également des autres aspects de sa vie comme le travail et les loisirs, qu'on s'efforce d'atteindre les objectifs qu'on s'est fixés et qu'on confronte les préjugés.

La rechute peut faire partie du rétablissement. L'important, c'est de tirer une leçon des revers que l'on essuie.

FACTEURS CLÉS DU RÉTABLISSEMENT

Pour que les personnes aux prises avec des troubles concomitants puissent se rétablir de façon durable, elles doivent :
• être considérées comme des personnes uniques en leur genre et importantes ;
• être traitées comme des êtres humains qui ont des objectifs et des rêves ;
• avoir la liberté de faire des choix et de prendre des décisions au sujet de leur vie ;
• être traitées avec dignité et respect ;
• accepter le fait que leur cheminement personnel est unique et s'est engagé dans une direction différente ;

- reconnaître que le rétablissement, c'est la possibilité de se libérer de ses symptômes en suivant un plan de traitement personnalisé ;
- reconnaître que la rechute est un aspect courant et prévu du rétablissement, mais qu'elle ne signifie pas qu'elles ont échoué ni qu'elles ont perdu ce qu'elles avaient gagné ; il s'agit plutôt d'une occasion de tirer une leçon et de recommencer à aller de l'avant ;
- envisager leur vie et leur avenir avec espoir (voir « Le rôle de l'espoir », p. 201) ;
- nouer des liens étroits avec des personnes qui se soucient d'elles et qui n'ont pas de préjugés (voir « Le rôle de la famille », p. 204) ;
- créer une routine et structurer leur journée en y incluant des activités intéressantes, qui peuvent comprendre un travail rémunéré ou non ;
- disposer d'un revenu fiable et constant ;
- vivre dans un logement stable, propre et confortable, que ce soit de façon autonome ou dans un logement avec services de soutien ;
- accepter le fait que, pour se rétablir, elles peuvent être obligées de suivre un traitement structuré dispensé le jour dans la collectivité ou de recourir à des professionnels de la santé mentale ou au système de traitement de l'addiction ;
- reconnaître le fait que les animaux de compagnie peuvent jouer un rôle important ;
- reconnaître le fait que la spiritualité ou les croyances et pratiques religieuses peuvent jouer un rôle important.

> *Il me semble que les gens rejettent les personnes malades lorsqu'il est peu probable qu'elles se rétablissent. Pourquoi devrait-on leur consacrer du temps et de l'énergie s'il est fort probable qu'elles seront malades jusqu'à la fin de leur vie ? Cela n'est pas le cas pour la plupart des personnes aux prises avec des troubles concomitants, si on diagnostique leur maladie assez tôt et si on leur prodigue les soins dont elles ont besoin. Mon fils travaille maintenant ; il a une copine. Il y a cinq ans, quand on a diagnostiqué qu'il avait une schizophrénie et qu'il prenait de la drogue, on n'aurait pas cru qu'un jour il mènerait une vie normale. C'est pourquoi je pense qu'il y a de très bonnes raisons d'espérer.*

Activité 11-2 : Que signifie le rétablissement pour mon parent ?

Quels pourraient être les facteurs importants pour le rétablissement de votre parent ? Soyez aussi précis que possible. (Par exemple, votre parent pourrait comprendre pourquoi il doit prendre des médicaments et décider de les prendre ; il pourrait faire quelque chose d'utile tous les jours, comme assister aux séances d'un groupe d'entraide, aller travailler, faire du bénévolat ou passer du temps avec des amis ; ou il pourrait se fixer des objectifs précis, faire des projets et envisager l'avenir avec espoir.)

Le rôle de l'espoir

> *Je pense que les membres de la famille peuvent donner beaucoup d'espoir à d'autres familles qui vivent une situation semblable. Les gens semblent penser que, lorsqu'un médecin vous apprend que votre parent a une maladie mentale ou un problème lié aux drogues et à l'alcool, c'est fini, il n'y a plus d'espoir ; votre vie et celle de votre parent sont détruites. Mais les choses ont bien changé. Un grand nombre de personnes se remettent de leurs troubles concomitants. On effectue des recherches, on découvre de nouveaux médicaments et traitements. On a réalisé des progrès considérables. Je connais un grand nombre de parents dont les enfants sont retournés à l'université ou ont obtenu un emploi et se portent bien. La maladie mentale et l'abus d'une substance ne signifient pas nécessairement que la vie de la personne est terminée. Je pense qu'il faut donner de l'espoir aux gens.*

Les personnes aux prises avec des troubles concomitants ont de bonnes raisons d'espérer. Au cours des dix dernières années, des progrès considérables ont été réalisés. Par exemple :
• on a amélioré la médication ;
• on comprend mieux les besoins en matière de traitement ;
• il y a davantage d'occasions de se renseigner auprès d'autres personnes.

Un diagnostic de maladie mentale accompagnée d'un trouble lié à l'utilisation d'une substance ne signifie pas que l'état de santé de la personne se détériorera inévitablement et qu'elle ne sera plus en mesure de fonctionner. Par contre, le rétablissement ne signifie pas nécessairement que la personne retrouvera toutes ses capacités, que sa situation reviendra à ce qu'elle était auparavant ni qu'elle n'aura pas besoin de médicaments ou d'un autre traitement.

Le message fondamental du « rétablissement » est que la personne aux prises avec des troubles concomitants a raison d'espérer et qu'elle peut mener une vie bien remplie. L'espoir est considéré comme un des déterminants les plus importants du rétablissement.

Patricia Deegan, du National Empowerment Council des États-Unis, dit :

> *Pour ceux d'entre nous pour lesquels on a posé un diagnostic de maladie mentale… l'espoir n'est pas qu'un euphémisme qui sonne bien. C'est une question de vie ou de mort… Nous avons traversé un hiver très froid qui a sapé tout notre espoir. La maladie est arrivée en douce et nous a volé notre jeunesse, nos rêves, nos aspirations et notre avenir. Elle s'est emparée de nous comme un cauchemar terrible duquel nous ne pouvions pas nous réveiller.*

> *—Deegan, 1993*

Citations inspirantes

Si vous avez déjà parlé à une personne qui a suivi avec succès un programme en 12 étapes comme celui d'Alcooliques Anonymes ou d'Al-Anon, vous avez peut-être entendu les « slogans de rétablissement » qui, selon des milliers de personnes, sont un élément important du rétablissement.

Un grand nombre de familles touchées par un problème de santé mentale ou un problème lié à l'utilisation d'une substance estiment que des slogans semblables (dictons et citations) sont inspirants, motivants et salutaires.

Comment se fait-il que ces dictons et citations soient si mémorables et efficaces qu'ils aident les gens à modifier leur façon de penser, leurs sentiments et leurs comportements ? On peut les considérer comme de brefs conseils de sagesse. En effet, un grand nombre d'entre eux comptent quelques mots à peine, mais ils peuvent transformer la façon dont une personne perçoit un aspect donné de sa vie.

Prenons par exemple la citation suivante :

> *« Je n'ai pas échoué. J'ai trouvé 10 000 raisons pour lesquelles ça ne fonctionne pas. »*

> *—Thomas Edison*

Réfléchissez à une citation de ce genre (ou, encore mieux, parlez-en à des personnes attentionnées – ce que la citation signifie, la façon dont elle transforme la façon dont vous percevez votre vie, le fait que cette nouvelle façon de penser vous serait très utile). Cela pourrait vous aider à vous concentrer sur les aspects positifs d'une situation.

Les citations, les slogans et les dictons peuvent aider les gens à modifier leurs attitudes et leurs comportements afin qu'ils soient moins touchés par l'opinion d'autres personnes et par les gestes qu'elles posent. De cette façon, et de bien d'autres, ces petits trésors de sagesse ouvrent la voie d'une paix intérieure qui peut avoir un effet extrêmement positif sur la santé émotionnelle d'une personne. En outre, ils peuvent accroître la résilience (voir le chapitre 5) et rendre la personne moins vulnérable à l'usure de compassion (voir le chapitre 4).

Pour vous aider dans cette tâche, voici comment nous interprétons certaines de ces citations.

On ne peut pas changer le sens du vent, mais on peut changer celui des voiles.

Cette citation signifie qu'il faut apprendre à accepter les choses qu'on ne peut contrôler et essayer de changer les choses que l'on peut contrôler comme nos gestes, nos comportements et même nos pensées, nos humeurs et nos perceptions parfois. Cette importante leçon pourrait bien être une des clés de la sérénité et du contentement.

On est responsable de l'effort, mais pas du résultat.

Ne laissez pas ce que vous ne pouvez pas faire vous empêcher de faire ce que vous pouvez faire.

Ces deux citations ont un thème important en commun : Il est beaucoup plus utile et réaliste de se concentrer sur les choses que l'on peut contrôler que de passer son temps et de dépenser de l'énergie à essayer de changer une chose qui est hors de notre contrôle. Par exemple, il est utile d'aider un parent à réduire son utilisation d'une substance ou à y mettre fin en autant que l'on comprenne et que l'on accepte le fait que, en fin de compte, lui seul est responsable de son rétablissement.

Ça aussi, ça passera.

Dans une situation de crise ou lorsqu'on vit une situation difficile qui suscite de la détresse, on a parfois l'impression qu'on ne s'en sortira jamais et qu'on n'y survivra pas. Parfois, la seule façon de survivre à une situation négative extrêmement stressante, c'est de se dire que toute chose a une fin.

Fais comme si…

Certaines personnes n'iront pas très loin dans leur rétablissement si elles essaient de changer leur façon de penser et leurs sentiments avant d'avoir changé leurs comportements. Si vous attendez d'être plus motivé et moins anxieux avant d'essayer d'adopter de nouveaux comportements, vous risquez d'aggraver à la fois les problèmes de santé mentale et les problèmes liés à l'utilisation d'une substance. Vous ne réussirez pas à vous motiver davantage et à atténuer votre anxiété si vous maintenez les comportements qui font que vous êtes moins motivé et plus anxieux. Il faut parfois passer à l'action *malgré* la dépression, l'anxiété, la crainte, la honte, la colère et l'épuisement qu'on ressent *et malgré* ses pensées et ses croyances problématiques. Il peut donc être utile de suivre la règle suivante : faites comme si vous vous sentiez merveilleusement bien et comme si vos pensées étaient rationnelles. En d'autres termes, peu importe ce qui vous tourne dans la tête ou ce qui se passe autour de vous, *respectez* les engagements que vous avez pris et votre plan de rétablissement (p. ex., assistez aux séances des AA, continuez de voir votre thérapeute, mangez trois repas nutritifs tous les jours, dormez huit heures par jour). Au début, vous devrez vous forcer mais, si vous parvenez à '**faire comme si**' les choses s'améliorent, vous contribuerez à en faire une réalité.

Le rôle de la famille

La famille devrait participer non seulement aux discussions sur le rétablissement, mais aussi au processus de rétablissement.

Un grand nombre d'éléments qui sont considérés comme importants pour le rétablissement de votre parent peuvent chevaucher votre propre cheminement vers le rétablissement, notamment les suivants :
- envisager votre avenir et celui de votre parent avec espoir ;
- vous renseigner sur la maladie mentale et le trouble lié à l'utilisation d'une substance de votre parent et comprendre l'interaction de ces problèmes ;
- obtenir du soutien de la part des autres membres de votre famille et de membres de la collectivité qui se soucient de vous, qui ne portent pas de jugements et qui n'ont pas de préjugés ;
- établir des rapports avec les personnes qui sont importantes pour vous ;
- faire partie de l'équipe de traitement de votre parent, être considéré comme un membre qui s'y connaît, qui joue un rôle actif et qui est respecté, et vous assurer que les professionnels de la santé vous tiennent au courant du traitement ;
- accepter le fait que la vie de votre parent s'est engagée dans une nouvelle voie ;
- comprendre que si votre parent rechute, cela ne signifie pas qu'il a « échoué » ni qu'il a perdu ce qu'il avait gagné ;
- considérer les rechutes comme une occasion d'aider votre parent à reprendre le chemin du rétablissement ;

- avoir l'impression que vous maîtrisez votre vie ;
- apprendre à cesser d'être constamment préoccupé par votre parent malade et vous permettre de mener votre vie, de vous détendre et de vous livrer à des activités qui vous sont agréables, qui atténuent votre stress et qui vous aident à vous épanouir, et ce sans éprouver d'anxiété ni de culpabilité ;
- reconnaître que des croyances ou des pratiques spirituelles, philosophiques ou religieuses profondément ancrées peuvent vous réconforter lorsque vous vivez des moments difficiles.

> *Maintenant, lorsque les gens rencontrent mon fils, ils sont sidérés. Je crois qu'il donne de l'espoir aux personnes malades et à leur famille. En général, les gens veulent vous en parler. Nous essayons d'en discuter avec eux et d'aider les familles autant que nous le pouvons. Je crois que nous leur donnons beaucoup d'espoir. Un grand nombre de familles nous téléphonent pendant l'année. Des travailleurs sociaux, des médecins et des membres du groupe de soutien familial ont cité notre famille en exemple. Ils disent : « leur fils se porte très bien ». Et les familles nous demandent si elles peuvent nous rendre visite. Elles viennent nous voir et parlent à notre fils. Nous essayons de les aider et de leur donner de l'espoir.*

Activité 11-3 : La sagesse en abrégé

Réfléchissez aux citations et dictons suivants et indiquez ce qu'ils signifient pour vous. Il n'y a pas de bonne ni de mauvaise interprétation. Cet exercice a pour but de vous fournir divers moyens de composer avec la situation que vous vivez en tant qu'individu et que membre d'une famille touchée par des troubles concomitants.

• En partageant votre douleur, vous la réduisez de moitié ; si vous ne le faites pas, vous la doublez.

• On ne peut pas changer le sens du vent, mais on peut changer celui des voiles.

• Ça aussi, ça passera.

• Un voyage de mille lieux a commencé par un premier pas.

• Si vous trouvez un chemin sans obstacle, c'est probablement qu'il ne mène nulle part.

• Tombe sept fois, relève-toi huit fois. (Proverbe japonais)

• On est responsable de l'effort, mais pas du résultat.

• Fais comme si . . .

• ·Ne laissez pas ce que vous ne pouvez pas faire vous empêcher de faire ce que vous pouvez faire.

Avez-vous des citations ou des dictons préférés ? Dans l'affirmative, inscrivez-les ci-dessous et réfléchissez aux raisons pour lesquelles ils sont si importants pour vous et à la façon dont ils peuvent vous aider tous les jours.

Le cheminement d'une famille vers le rétablissement

Mon père a suivi un traitement pour des problèmes liés à l'alcool à l'âge de 64 ans. À cette époque, je me questionnais sérieusement sur les effets qu'avait la maladie de mon père sur moi en tant que femme et que mère. Je me préoccupais de la prédisposition héréditaire et familiale à l'addiction et à la maladie mentale et de son incidence possible sur mes enfants.

Ma mère et moi nous sommes adressées à Al-Anon lorsque nous avons découvert que nous n'étions pas les seules à chercher de l'aide pour composer avec nos pensées marquées par la honte et avec notre sentiment d'impuissance face à l'addiction d'un être cher. Nous avons entendu parler de la nécessité d'augmenter notre estime de soi et d'établir des limites. Toutefois, il m'est arrivé souvent d'être prise au piège face à mes enfants adolescents. Mon incapacité de dire « Non ! » m'a amenée à remettre en question mes compétences parentales. Quand j'étais enfant, j'évitais la confrontation, je masquais ma colère et ma déception et je fuyais les conflits. Ce comportement me procurait de la quiétude mais m'a rendue incapable d'exprimer mes émotions.

À l'âge de 19 ans, notre fils aîné est devenu dépendant à l'alcool. Cela a duré quatre ans. Nous l'avons beaucoup encouragé et soutenu lorsqu'il a suivi un traitement en établissement (il n'y est resté que trois semaines). Bien qu'il ait eu des colères terribles au début de la vingtaine, il s'est abstenu de boire et, grâce à sa foi, il a fait face à ses démons de façon honnête et courageuse. Mon mari et moi lui avons donné de l'argent lorsque cela était nécessaire et lui avons toujours dit que nous l'aimions, que nous avions confiance en lui et que nous le considérions comme une personne spéciale. J'étais déterminée à empêcher mes enfants de faire l'essai de toute drogue addictive. Je lisais constamment des ouvrages sur l'abus de substances. De plus, j'ai suivi un cours sur l'affirmation de soi qui m'a donné confiance en moi, a renforcé mes croyances et m'a aidée à exprimer mes sentiments.

Notre septième enfant, un garçon sociable, intelligent, talentueux et honnête que tout le monde aimait bien, a sombré dans la dépression à l'âge de 18 ans. Au cours des prochaines années, il s'est efforcé de ne pas prendre de médicaments et a demandé l'aide d'un psychologue. Il a essayé de faire des études universitaires et cherchait à nouer des relations avec des personnes qui, pour la plupart, l'ont laissé tomber. Il pensait au suicide, était incapable d'étudier et de travailler et s'efforçait de « sauver la face ». Nous étions très proches l'un de l'autre. À plusieurs reprises, nous nous sommes rencontrés pour prendre un café lorsqu'il craignait de ne pas pouvoir continuer. Mais il prenait son courage à deux mains et persévérait.

À l'âge de 21 ans, après un épisode suicidaire, il a été admis à l'hôpital, où on a diagnostiqué *une dépression avec tendances suicidaires*. Il a commencé à prendre des antidépresseurs pour atténuer son anxiété et avoir plus d'énergie afin qu'il puisse poursuivre ses études universitaires tout en restant à la maison. Peu après, il est devenu de plus en plus stressé. Il se sentait trop à l'étroit à la maison. Il a décidé d'aller vivre au centre-ville avec des amis. Il se sentait à l'aise dans son nouvel environnement. Il a à nouveau interrompu ses études. Je me suis fait du souci lorsqu'il a quitté la maison, mais je savais qu'il devait faire son propre cheminement. Ses frères et sœurs ont gardé contact avec lui et il téléphonait régulièrement à la maison. Mon mari me disait souvent à cette époque qu'il admirait le courage de notre fils dans ces moments difficiles de sa vie. Mon fils me disait souvent, dans ses moments de désespoir : « Maman, quoi qu'il m'arrive, promets-moi que tu ne te feras jamais de reproches. Tu as été la meilleure mère qui soit. Je suis responsable de la façon dont je vis ma vie ». Je continuais à prier pour lui : « *Seigneur, tu aimes cet enfant qui t'appartient encore plus que je ne l'aime. Je sais que tu veilleras sur lui* ».

Deux ans plus tard, il a succombé à la tentation des drogues de rue. Il espérait retrouver l'énergie qu'il avait perdue et mieux composer avec la vie. Il privilégiait la cocaïne, la méthamphétamine et la marijuana. Au début, ces drogues le stimulaient mais, en quelques mois, sa vie s'est dégénérée et *s'est effondrée !* Ses frères et sœurs et une cousine l'ont encouragé à revenir à la maison. Ils savaient tous qu'il était désespéré et ne pouvait plus se débrouiller seul. Il craignait surtout l'humiliation, la culpabilité et la perte d'autonomie. On nous dit qu'il faut être autonome, mais cela est difficile quand on ne peut compter sur soi.

Mon mari, ma nièce – qui était proche de notre fils – et moi avons suivi un programme d'introduction à l'addiction et au rétablissement qui nous a aidés à relever le défi auquel nous étions confrontés. Notre fils a toujours approuvé notre besoin d'apprendre de nouvelles techniques d'adaptation. Nous lui faisions part de ce que nous avions appris. Nous faisions de même avec les autres membres de la famille qui souhaitaient participer au rétablissement de leur frère bien-aimé. Nous avons appris que la rechute peut être une occasion de croître. Nous devons nous concentrer sur l'amour plutôt que sur la peur et le jugement.

Notre fils a suivi un programme de traitement en établissement d'une durée de six semaines et un programme de suivi des troubles concomitants. Il n'a pas pris de drogues depuis un an. Il reçoit des soins d'entretien et continue de prendre des antidépresseurs. Il a un emploi à temps plein, il a noué une relation et il espère retourner à l'université cette année. Il a une vie sociale bien remplie et apprécie chaque jour.

Le rétablissement (se trouver et prendre le contrôle) est un défi qu'il faut sans cesse relever. La peine, la déception et la perte sont des obstacles que nous ne pouvons éviter pendant notre cheminement. Chaque jour amène un nouveau défi. La seule façon de reprendre le contrôle, c'est de confronter honnêtement la douleur qu'on ressent quand ses rêves ne se réalisent pas et d'en parler dans un milieu sûr avec des personnes qui comprennent la situation. Les problèmes concomitants de santé mentale et d'addiction posent un défi double.

La communication franche avec notre fils nous a été d'un grand secours. Il s'efforçait tellement d'être affable et reconnaissant, même dans les pires moments. Il restait pour parler et écouter aussi longtemps qu'il le pouvait, puis il retournait dans le silence de son désespoir. Au moment où il en avait le plus besoin, nous nous sommes efforcés d'être son phare dans la nuit.

Prendre soin de moi a été un élément important de mon rétablissement. Chaque jour, je me demande : « De quoi ai-je besoin aujourd'hui et comment puis-je accomplir mes tâches ? ». J'ai appris que, pendant le rétablissement, je dois non seulement prendre conscience de mes besoins, mais également les verbaliser et prendre les mesures nécessaires pour les satisfaire.

Activité 11-4 : Votre cheminement vers le rétablissement

Qu'est-ce qui vous aiderait dans votre cheminement vers le rétablissement en tant que parent d'une personne aux prises avec des troubles concomitants ? Soyez aussi précis que possible. (Par exemple, comprendre et accepter les maladies du membre de votre famille, cesser de vous sentir coupable et aller de l'avant afin de réaliser vos rêves et vos objectifs, reprendre contact avec des amis et vous livrer à nouveau à des activités récréatives agréables.)

Activité 11-5 : Questionnaire sur le rétablissement

Le questionnaire sur le rétablissement (RAQ-16) a été mis au point par une équipe d'utilisateurs, de fournisseurs de services et de chercheurs du Hamilton County Recovery Initiative (Borkin et coll., 2000).

Le questionnaire sur le rétablissement (RAQ-16) comprend 16 questions qui vous aideront à déterminer ce que vous pensez du rétablissement dans le contexte des troubles concomitants et quelles sont vos attitudes à cet égard. Il n'y a pas de bonnes ni de mauvaises réponses. Après avoir rempli le questionnaire, lisez les commentaires ci-après qui accompagnent chaque question. Ils vous permettront de réfléchir à vos réponses. Remplissez le questionnaire avant de lire les commentaires.

Le rétablissement est un processus et une expérience auxquels nous participons tous. Il faut relever le défi du rétablissement lorsqu'on vit une crise comme le décès d'un être cher, un divorce, une déficience physique ou une maladie mentale grave. Le rétablissement ne change rien au fait que nous avons vécu l'événement, que nous en ressentons toujours les effets et que notre vie a changé à jamais. Pour se rétablir, il faut changer et trouver un autre sens aux événements vécus, qui ne sont alors plus l'élément central de notre vie (Anthony, 1993).

Veuillez lire chaque énoncé et évaluer dans quelle mesure vous êtes en accord ou en désaccord avec chacun.

	Strongly Agree	Agree	Neutral	Disagree	Strongly disagree
1. People who are in recovery need the support of others.	SA	A	N	D	SD
2. Recovering from mental illness is possible no matter what you think may cause it.	SA	A	N	D	SD
3. A good understanding of one's mental illness helps in recovery.	SA	A	N	D	SD
4. To recover requires faith.	SA	A	N	D	SD
5. Recovery can occur even if symptoms of mental illness are present.	SA	A	N	D	SD

6. People in recovery sometimes have setbacks.	SA	A	N	D	SD
7. People differ in the way they recover from a mental illness.	SA	A	N	D	SD
8. Recovering from mental illness can occur without help from mental health professionals.	SA	A	N	D	SD
9. All people with serious mental illnesses can strive for recovery.	SA	A	N	D	SD
10. People who recover from mental illness were not really mentally ill in the first place.	SA	A	N	D	SD
11. The recovery process requires hope.	SA	A	N	D	SD
12. Recovery does not mean going back to the way things used to be.	SA	A	N	D	SD
13. Stigma associated with mental illness can slow the recovery process.	SA	A	N	D	SD
14. Recovering from the consequences of mental illness is sometimes more difficult than recovering from the illness itself.	SA	A	N	D	SD
15. The family may need to recover from the impact of a loved one's mental illness.	SA	A	N	D	SD
16. To recover requires courage.	SA	A	N	D	SD

> Vous trouverez ci-après les commentaires qui accompagnent chaque question. Il se peut que vous ne soyez pas d'accord avec certains d'entre eux. Nous vous les présentons uniquement pour vous aider à réfléchir aux différentes idées portant sur le rétablissement.

COMMENTAIRES

1. Les personnes en voie de rétablissement ont besoin de soutien.

   Il est très important de nouer des liens avec des personnes comme les membres de sa famille, des amis et des professionnels pour éprouver à nouveau un sentiment d'appartenance et se sentir proche des gens. L'être humain est un être sociable. Nous sommes le plus satisfaits et le plus épanouis lorsque nous avons noué des liens étroits. Pour que les utilisateurs et leur famille se rétablissent, ils doivent obtenir le soutien de personnes qui ne portent pas de jugement, qui compatissent et qui reconnaissent que les troubles concomitants sont une maladie légitime dont on peut se remettre.

2. On peut se remettre d'une maladie mentale, peu importe ce qu'on croit en être la cause.

   En général, les troubles concomitants sont causés par un ensemble complexe de facteurs héréditaires, génétiques, biologiques, psychologiques et sociaux. Toutefois, certaines personnes ont des croyances erronées sur les causes de ces troubles. Le cheminement vers le rétablissement peut se faire de diverses façons et sembler très différent d'une personne à l'autre. Cela dit, le rétablissement est tout à fait possible, peu importe ce qu'on croit être la cause des troubles.

3. Une bonne compréhension de sa maladie mentale facilite le rétablissement.

   Un grand nombre de personnes aux prises avec une maladie mentale éprouvent de la peur, de l'anxiété, de la peine et un sentiment de perte. De plus, elles modifient leurs attentes et transforment leur perception de soi en tant qu'être humain. Ces sentiments s'intensifient lorsqu'elles sont également aux prises avec un trouble lié à l'utilisation d'une substance. Pour un grand nombre de personnes aux prises avec des troubles concomitants et leur famille, il est essentiel de se renseigner sur ces troubles afin de maîtriser leur situation et de se rétablir. Il importe de se renseigner sur les signes, les symptômes et les effets des troubles de santé mentale et liés à l'utilisation d'une substance, les causes possibles, les méthodes de traitement et la possibilité de rétablissement.

4. Pour se rétablir, il faut avoir la foi.

   Le mot « foi » a plusieurs sens. Certaines personnes pensent qu'elles doivent croire en un être supérieur ou pratiquer une religion donnée pour se rétablir. Toutefois, pour un grand nombre de personnes, le mot « foi » signifie simplement croire en soi, croire en un avenir meilleur et croire en ceux et celles qui se préoccupent de soi et qui veulent aider.

5. On peut se rétablir même si on éprouve des symptômes.

   Le rétablissement ne signifie pas nécessairement qu'une personne n'éprouvera plus de symptômes des troubles concomitants, qu'elle ne vivra plus de moments difficiles ou qu'elle ne rechutera pas. Le rétablissement implique que la personne tirera une leçon de ces expériences et aura malgré tout le courage d'aller de l'avant. Un grand nombre de personnes atteignent leurs objectifs et réalisent leurs rêves même si elles essuient des revers en cours de route.

6. Les personnes en cours de rétablissement essuient parfois des revers.

   Tel qu'indiqué précédemment, les personnes aux prises avec des troubles concomitants essuieront probablement des revers de temps à autre. Cela ne signifie pas qu'elles ont échoué. Il s'agit plutôt d'une occasion de reconnaître les déclencheurs potentiels et les sources de stress et, peut-être, de trouver de nouveaux moyens plus efficaces de composer avec les aspects difficiles de la vie.

7. Il y a plusieurs façons de se rétablir d'une maladie mentale.

   La signification du terme « rétablissement » varie d'une personne à l'autre. Certaines personnes reconnaissent l'importance des psychotropes pour leur rétablissement tandis que d'autres ont besoin d'un soutien permanent intensif de la part de professionnels de la santé. Certaines personnes veulent recommencer à travailler tandis que d'autres estiment que leur travail est trop stressant et décident de se joindre à des groupes d'entraide ou de participer à d'autres activités communautaires de soutien. Enfin, certaines personnes ont des croyances spirituelles bien ancrées tandis que d'autres ont besoin uniquement du soutien d'un animal de compagnie ou d'amis intimes. Le rétablissement varie d'une personne à l'autre.

8. On peut se rétablir d'une maladie mentale sans l'aide de professionnels de la santé mentale.

   Un grand nombre de personnes en voie de se remettre de troubles concomitants consulteront des professionnels de la santé à un moment ou à un autre. Dans bien des cas, il est très important de trouver et de consulter des professionnels de la santé compatissants et compréhensifs qui respectent les besoins et les objectifs du client afin d'entreprendre le rétablissement et de préserver les acquis. Ce contact avec des professionnels peut être intensif et permanent si le client participe à un programme de soutien en clinique externe ou s'il bénéficie de l'aide d'un gestionnaire de cas communautaire. Certains clients consultent leur médecin seulement de temps à autre afin d'obtenir une ordonnance pour des psychotropes. En outre, la nature du contact peut changer avec le temps. Certaines personnes deviennent plus fortes et se sentent mieux en mesure de gérer leur maladie et leur quotidien. Elles peuvent alors décider de ne plus consulter de professionnels aussi souvent ou de ne plus les consulter du tout sauf si elles rechutent ou vivent des moments plus difficiles.

Certaines personnes se rétablissent sans avoir recours aux services de professionnels de la santé. Elles peuvent avoir une maladie mentale moins grave et être en mesure de réduire ou de maîtriser leur utilisation problématique d'une substance de sorte que ces problèmes ne perturbent pas trop leur vie. Certaines personnes faisant partie de ce groupe constatent qu'il leur suffit de se joindre à un groupe d'entraide et de maintenir des liens étroits avec des membres de leur famille et des amis qui les soutiennent pour se rétablir.

9. Toutes les personnes ayant une maladie mentale grave peuvent déployer des efforts en vue de se rétablir.

Oui. Toute personne ayant une maladie mentale (et un trouble lié à l'utilisation d'une substance) peut déployer des efforts en vue de se rétablir. Nous avons tous la capacité d'espérer, de nous fixer des objectifs et de réaliser nos rêves et nous voulons tous être acceptés et avoir un sentiment d'appartenance.

10. Si on se remet d'une maladie mentale, c'est parce qu'on n'était pas vraiment malade au départ.

On a remis en question la vieille croyance qui veut que la maladie mentale et les problèmes liés à l'utilisation d'une substance soient de nature chronique et selon laquelle on ne peut espérer s'en remettre. Dans les faits, les personnes aux prises avec des troubles concomitants peuvent vivre un rétablissement marqué par la stabilité émotionnelle, une bonne santé physique, des activités sociales et professionnelles gratifiantes et des liens étroits noués avec des personnes qui les soutiennent. Il n'est plus vrai que les personnes ayant de graves problèmes de santé mentale et liés à l'utilisation d'une substance sont sur une mauvaise pente qui les mènera à une déficience chronique. Les personnes aux prises avec de graves troubles de santé mentale et liés à l'utilisation d'une substance peuvent bel et bien s'en remettre.

11. Pour se rétablir, il faut avoir de l'espoir.

On entend par espoir le fait de croire en sa capacité de surmonter les difficultés et d'envisager l'avenir avec optimisme, en estimant qu'il est possible de se rétablir. On estime qu'il est essentiel d'avoir de l'espoir pour en arriver à un rétablissement durable.

12. Le rétablissement ne signifie pas que les choses redeviennent ce qu'elles étaient.

    Certaines personnes en voie de se rétablir peuvent reprendre la vie qu'elles menaient auparavant, que ce soit retourner au travail ou aux études, fréquenter leurs amis ou se livrer à des activités sociales. Toutefois, le rétablissement ne signifie pas nécessairement que l'on retrouvera ses activités, ses croyances et sa vie telles qu'elles étaient auparavant. Pour un grand nombre de personnes, le rétablissement signifie qu'elles doivent se fixer de nouveaux objectifs et rêves ou modifier ceux qu'elles s'étaient fixés. Cela peut les obliger à changer d'emploi ou d'école, à se faire de nouveaux amis et à trouver de nouveaux intérêts. En outre, certaines personnes constatent que leurs priorités ne sont plus du tout les mêmes.

13. Les préjugés associés à la maladie mentale peuvent ralentir le rétablissement.

    Les préjugés et la discrimination peuvent avoir des conséquences désastreuses et destructrices pour les personnes aux prises avec des troubles concomitants et leur famille et faire obstacle au rétablissement. Les préjugés peuvent amener la personne à perdre confiance en soi, nuire à ses efforts de réinsertion sociale et, dans certains cas, lui causer un tel désespoir qu'elle fait une rechute. De plus, ils peuvent faire en sorte que la famille s'isole et éprouve de la honte et de l'embarras.

14. Il est parfois plus difficile de se remettre des conséquences de la maladie mentale que de la maladie en soi.

    Les conséquences de la maladie mentale ou de l'utilisation d'une substance peuvent varier considérablement. Pour certaines personnes, les conséquences sont moins graves. Par exemple, elles doivent interrompre brièvement leur travail ou leurs études, prendre des médicaments ou être hospitalisées pour une courte durée. D'autres personnes subissent des effets majeurs. Par exemple, leurs relations familiales sont compromises, des personnes qui leur sont chères disparaissent de leur vie, elles sont hospitalisées souvent et pendant longtemps, elles sont incapables de travailler ou de poursuivre leurs études, elles ont des démêlés avec la justice, leur santé se détériore, etc. Il se peut que, lorsqu'une personne a retrouvé sa stabilité émotionnelle, mentale et physique, elle doive faire face à ces conséquences, ce qui peut accroître son stress et son anxiété, lui causer du désespoir, lui donner l'impression qu'elle a échoué et mener à une rechute. C'est pourquoi il ne faut pas oublier que, pour se rétablir, une personne doit porter attention à tous les aspects de sa vie qui ont été touchés et répondre à tous ses besoins. Les mesures qu'elle prend en ce sens peuvent être incluses dans un plan de rétablissement détaillé.

15. Il se peut que la famille doive se remettre des effets de la maladie mentale de leur parent.

Nous espérons qu'en lisant le présent chapitre vous vous êtes rendu compte de l'importance de vous rétablir vous aussi. Nous avons discuté des effets des troubles concomitants sur la famille sur le plan physique, émotionnel, social, professionnel, économique et spirituel. Il est très important que les membres de la famille reprennent le contrôle de leur vie, retrouvent leur stabilité émotionnelle et leur tranquillité d'esprit et éprouvent à nouveau un sentiment général de bien-être lorsqu'ils subissent les effets des troubles concomitants.

16. Pour se rétablir, il faut du courage

Le courage d'aller de l'avant malgré les effets des problèmes de santé mentale et liés à l'utilisation d'une substance fait partie intégrante du rétablissement. Tout pas en avant, aussi petit soit-il, qu'il s'agisse de sortir du lit le matin, de ne pas prendre de drogues de la journée, de prendre l'autobus pour se rendre à l'endroit où ont lieu les séances du groupe de soutien communautaire, de téléphoner à un ami, de prendre ses médicaments, de retourner au travail, etc., nécessite un courage supérieur à celui dont la plupart d'entre nous pourrions faire preuve.

RÉFÉRENCES

ANTHONY, W.A. « Recovery from mental illness: The guiding vision of the mental health service system in the 1990s », *Psychosocial Rehabilitation Journal*, vol. 16 (1993), p. 11-23.

BORKIN, J.R., J.J. STEFFEN, L.B. ENSFIELD, K. KRZTON, H. WISHNICK, K.E. WILDER ET COLL. « Recovery attitudes questionnaire: Development and evaluation », *Psychiatric Rehabilitation Journal*, vol. 24 (2000), p. 95-102.

DEEGAN, P.E. « Recovery: The lived experience of rehabilitation », *Psychosocial Rehabilitation Journal*, vol. 11 (1988), p. 11-19.

DEEGAN, P.E. « Recovering our sense of value after being labeled mentally ill », *Journal of Psychosocial Nursing and Mental Health Services*, vol. 31 (1993), p. 7-11.

Ressources

12

Aperçu

- Sites Web
- Publications offertes en ligne
- Livres et livrets

SITES WEB

Questions à poser au sujet des renseignements disponibles sur Internet

1. À quoi sert ce site ? (Lisez la page qui fournit plus de renseignements sur le site.)

2. Qui a créé le site ?
   - Quelles sont les compétences des personnes qui ont créé le site (études et expérience) ?
   - Quels renseignements fournit-on au sujet des personnes qui ont créé le site (p. ex., sait-on si elles ont quelque chose à gagner en faisant connaître le traitement) ?
   - Qui commandite le site Web ? Fournit-on des renseignements sur le rôle qu'a joué le commanditaire dans la création du site Web ?
   - Fournit-on des renseignements sur la façon de communiquer avec l'auteur ou l'organisme qui a créé le site ?

3. Les renseignements sont-ils crédibles ?
   - Sur quoi les renseignements fournis sur le site reposent-ils ? Des recherches ? L'opinion d'experts ? Une expérience professionnelle ou personnelle ? Les récits personnels sont importants, mais ils ne doivent pas être la seule source d'information.
   - Indique-t-on d'où proviennent les renseignements (p. ex., auteur, éditeur de livres ou d'articles publiés dans une revue ; numéro de téléphone et adresse électronique d'organismes) ? Comme les renseignements peuvent être fournis hors contexte, il importe de vérifier les sources si possible.
   - Y a-t-il une liste d'autres ressources que l'on peut consulter ? En général, il est préférable de comparer les renseignements provenant de plusieurs sources.
   - Le site contient-il des liens menant à d'autres sites ? La présence de liens ne garantit pas la crédibilité du site. Toutefois, une liste de liens menant à des sites bien connus et dignes de confiance indique que les créateurs du site Web ne craignent pas que l'on vérifie leurs renseignements.
   - Le site vous encourage-t-il à consulter des professionnels, notamment des médecins ?
   - Mentionne-t-on d'autres théories et explications possibles ?
   - Si on décrit un traitement, indique-t-on comment et pourquoi il fonctionne ? Fait-on état des risques et des effets secondaires en plus des avantages ?

4. Les renseignements sont-ils récents ?
   - Chaque document devrait indiquer la date à laquelle il a été créé ou mis à jour la dernière fois.

Évaluation des renseignements : Ressources

Intute : Comment évaluer des renseignements fournis sur Internet
(en anglais seulement)
www.intute.ac.uk/healthandlifesciences/BIOME_Evaluation_Guidelines.doc

DISCERN sur Internet (en anglais seulement)
http://www.discern.org.uk/index.php

Troubles concomitants généraux

Centre de toxicomanie et de santé mentale
www.camh.net

BC Partners for Mental Health and Addictions Information (en anglais seulement)
www.heretohelp.bc.ca

Renseignements sur la santé mentale (en anglais seulement)
www.mentalhealth.com

Dual Recovery Anonymous (en anglais seulement)
www.draonline.org

SAMHSA (Substance Abuse and Mental Health Services Administration)
(en anglais seulement)
www.samhsa.gov/index.aspx

Renseignements généraux sur la santé mentale

CANADA

Association canadienne pour la santé mentale (ACSM)
http://www.cmha.ca/bins/index.asp?lang=2

Commission du consentement et de la capacité (Ontario)
www.ccboard.on.ca

PsychDirect (en anglais seulement)
www.psychdirect.com

ÉTATS-UNIS

National Alliance on Mental Illness (NAMI) (en anglais seulement)
www.nami.org

National Institute of Mental Health (en anglais seulement)
www.nimh.nih.gov

National Mental Health Information Center (SAMSHA) (en anglais seulement)
www.mentalhealth.org

SITE INTERNATIONAL

Rethink (UK) (en anglais seulement)
www.rethink.org

Anxiété

Association canadienne des troubles anxieux
www.anxietycanada.ca

Anxiety Disorders Association of America (en anglais seulement)
http://www.adaa.org/

Obsessive Compulsive Foundation (en anglais seulement)
www.ocfoundation.org

Dépression

Mood Disorders Association of Ontario (en anglais seulement)
www.mooddisorders.on.ca

Depression and Bipolar Support Alliance (en anglais seulement)
www.dbsalliance.org

Schizophrénie et psychose

Société canadienne de la schizophrénie
www.schizophrenia.ca

Psychosis Sucks (Fraser Valley Health Authority: Early Psychosis Intervention Program)
(en anglais seulement)
www.psychosissucks.ca/epi/

EPPIC: Early Psychosis Prevention and Intervention Centre (Australie) (en anglais
seulement)
www.eppic.org.au

PEEP: The Prevention and Early Intervention Program for Psychosis (London, ON) (en anglais seulement)
www.pepp.ca

PSPOPS: Peer Support for Parents of Psychosis Sufferers (en anglais seulement)
www.psychosissupport.com

Open the Doors (Association mondiale de psychiatrie) (non disponible en français)
www.openthedoors.com

Trouble bipolaire

Moodswing.org (en anglais seulement)
www.moodswing.org/index.shtml

Troubles de l'alimentation

National Eating Disorder Information Centre (en anglais seulement)
www.nedic.ca

Troubles d'hyperactivité avec déficit de l'attention

National Resource Center on ADHD (en anglais seulement)
www.help4adhd.org

Utilisation générale d'une substance

Al-Anon/Alateen (site en français)
http://www.al-anon.alateen.org/french/index.html

Alcooliques Anonymes
http://www.aa.org/fr_index.cfm

Narcotiques Anonymes (site du Québec)
http://www.naquebec.org/

Double Trouble in Recovery (en anglais seulement)
www.doubletroubleinrecovery.org/index.htm

CANADA

Alberta Alcohol and Drug Abuse Commission (AADAC) (en anglais seulement)
www.aadac.com/index_flash.htm

ÉTATS-UNIS

National Institute on Drug Abuse (NIDA) (en anglais seulement)
www.nida.nih.gov

Center for Substance Abuse Treatment (SAMSHA) (en anglais seulement)
www.samhsa.gov/centers/csat2002/csat_frame.html

Center for Substance Abuse Prevention (SAMSHA) (en anglais seulement)
www.samhsa.gov/centers/csap/csap.html

National Clearinghouse on Alcohol and Drug Information (PrevLine)
(en anglais seulement)
www.health.org

Ressources pour les familles et les aidants

ACSM, division de l'Ontario : Family Members and Caregivers Resource Centre
(en anglais seulement)
www.ontario.cmha.ca/

Family Association for Mental Health Everywhere (FAME) (en anglais seulement)
www.fameforfamilies.com/index.htm

Rétablissement

Rethink (en anglais seulement)
www.rethink.org/recovery/

WRAP (en anglais seulement)
www.mentalhealthrecovery.com/

Center for Psychiatric Rehabilitation (université de Boston) (en anglais seulement)
www.bu.edu/cpr/about/index.html

PUBLICATIONS OFFERTES EN LIGNE

Santé Canada. *Meilleures pratiques – Troubles concomitants de santé mentale et d'alcoolisme et de toxicomanie.*
http://www.hc-sc.gc.ca/hl-vs/pubs/adp-apd/bp_disorder-mp_concomitants/index_f.html

National Institute for Mental Health. *Medications for Mental Illness.*
www.nimh.nih.gov/publicat/medicate.cfm

Expert Consensus Guidelines Series: Guides for Patients and Families. http://www.psychguides.com/pfg.php.

Société canadienne de la schizophrénie. *Apprendre à connaître la schizophrénie : Une lueur d'espoir.* http://www.schizophrenia.ca/files/Rays_of_Hope_FR.pdf

Substance Abuse and Mental Health Services Administration. *Report to Congress on the Prevention and Treatment of Co-occurring Substance Abuse Disorders and Mental Disorders.* http://alt.samhsa.gov/reports/congress2002/index.html

LIVRES ET LIVRETS

Anxiété

BURNS, D.D. *Feeling Good: A New Mood Therapy*, New York, HarperCollins, 1999.

COPELAND, M.E. *The Worry Control Workbook*, Oakland, CA, New Harbringer Publications, 1998.

RECTOR, N.A., C. BARTHA, K. KITCHEN, M. KATZMAN ET M. RICHTER. *Le trouble obsessionnel-compulsif : Guide d'information*, Toronto, Centre de toxicomanie et de santé mentale, 2001.

RECTOR, N.A., D. BOURDEAU, K. KITCHEN ET L. JOSEPH-MASSIAH. *Les troubles anxieux : Guide d'information*, Toronto, Centre de toxicomanie et de santé mentale, 2005.

Dépression et trouble bipolaire

BARTHA, C., C. PARKER, C. THOMSON ET K. KITCHEN. *La dépression : Guide d'information*, Toronto, Centre de toxicomanie et de santé mentale, 1999.

PERSONNEL DE LA CLINIQUE DES TROUBLES BIPOLAIRES. *Le trouble bipolaire : Guide d'information*, Toronto, Centre de toxicomanie et de santé mentale, 2000.

COPELAND, M.E. The Depression Workbook: *A Guide for Living with Depression and Manic Depression*, Oakland, CA, New Harbinger, 1992.

DOWLING, C. *You Mean I Don't Have to Feel this Way? New Help for Depression, Anxiety and Addiction*, New York, Bantam Books, 1993.

DUKE, P. ET G. HOCKMAN. *A Brilliant Madness: Living with Manic Depressive Illness*, New York, Bantam Books, 1993.

ELDER, N. *Holiday of Darkness*, Toronto, Wall & Emerson, 1989.

FIEVE, R. *Moodswing*, New York, Bantam Books, 1997.

GOLD, M. *The Good News about Depression*, New York, Bantam Books, 1995.

GREENBERGER, D. ET C. PADESKY. *Mind over Mood: Change How You Feel by Changing the Way You Think*, New York, Guilford, 1995.

HEALY, D. *Psychiatric Drugs Explained* (4ᵉ édition), St Louis, MO, Elsievier, 2005.

MANNING, M. *Undercurrents*, New York, HarperCollins, 1996.

MIKLOWITZ, D.J. *The Bipolar Disorder Survival Guide: What You and Your Family Need to Know*, New York, Guilford, 2002.

NORDEN, M. *Beyond Prozac*, New York, HarperCollins, 1995.

PAPOLOS D. ET J. PAPOLOS. *Overcoming Depression*, New York, HarperCollins, 1997.

PRESTON, J. *You Can Beat Depression: A Guide to Recovery*, Atascadero, CA, Impact Publishers, 1996.

REDFIELD JAMISON, K. *An Unquiet Mind*, New York, Random House, 1997.

TURKINGTON, C. *Making the Prozac Decision: A Guide to Antidepressants*, Lowell House, 1997.

POUR LES FAMILLES ET LES CONJOINTS

BERGER, D. ET L. BERGER. *We Heard the Angels of Madness: A Guide to Coping with Manic Depression*, New York, Quill, 1992.

DEPAULA, J.R. ET K. ABLOW. *How to Cope with Depression: A Guide for You and Your Family*, New York, Ballantine Books, 1996.

GORMAN, J. *The Essential Guide to Psychiatric Drugs*, New York, St. Martin's Press, 1998.

ROSEN, L.E. ET X. AMADOR. *When Someone You Love Is Depressed*, New York, Fireside, 1996.

Schizophrénie

BLAKE, P., A.A. COLLINS ET M. SEEMAN. *La psychose chez les femmes :
Guide d'information*, Toronto, Centre de toxicomanie et de santé mentale, 2001.

MUESER, K.T. ET S. GINGERICH. *Coping with Schizophrenia:
A Guide for Families*, Oakland, CA, New Harbinger, 1994.

TORREY, E. *Surviving Schizophrenia: A Manual for Families, Consumers, and
Providers*, New York, Harper Perennial, 1995.

Utilisation d'une substance

HERIE, M., T. GODDEN, J. SHENFELD ET C. KELLY. *La toxicomanie :
Guide d'information*, Toronto, Centre de toxicomanie et de santé mentale, 2007.

Traumatisme/État de stress post-traumatique

ALLEN, J.G. *Coping with Trauma: A Guide to Self-Understanding*, Washington, D.C.,
American Psychiatric Press, 1995.

COPELAND, M.E. ET M. HARRIS. *Healing the Trauma of Abuse: A Women's
Workbook*, Oakland, CA, New Harbringer Publications, 2000.

HASKELL, L. *Les femmes, la violence et le traitement des traumatismes :
Guide d'information*, Toronto, Centre de toxicomanie et de santé mentale, 2004.

MATSAKIS, A. *Trust after Trauma: A Guide to Relationships for Survivors and Those
Who Love Them*, Oakland, CA, New Harbringer Publications, 1998.

VERMILYEA, Elizabeth. *Growing beyond Survival: A Self-Help Toolkit for Managing
Traumatic Stress*, Baltimore, MD, The Sidran Press, 2000.

WILLIAMS, M.B. ET S. POIJULA. *The TSPT Workbook: Simple, Effective Techniques
for Overcoming Traumatic Stress Symptoms*, Oakland, CA, New Harbringer
Publications, 2002.